井筒豊子

井筒俊彦の学問遍路

——同行二人半

慶應義塾大学出版会

井筒俊彦・豊子夫妻（撮影：澤井義次。1987年8月1日、京都ホテルにて）

目次

井筒俊彦の学問遍路
――同行二人半

初めての外遊

教室や授業は別にして井筒はほんとうは無口な人でしたので、私がこれから申し上げる話は、あくまでもおしゃべりな私のおしゃべり、ということでお話ししてみようと思います。

昭和三十年代は、外遊といっても飛行機に乗る人はあまりいなかったのですが、私どもはロックフェラー財団による研究旅行でしたので、飛行機で参りました。

昭和三十四年七月、出発の日、たまたまある慶應の文学部助教授の方のアメリカへの出発と羽田で一緒になってしまったのです。そのころのことですから、外遊というと大変なことでした。私どもはどなたにも出発の日付は言っていなかったのですが、羽田空港に参りましたら、慶應の方々が百人ぐらいもいらっしゃっていて、井筒は思わず物陰に隠れてしまいました。

その若い助教授の方は、私どもより二十分ぐらい先に出発するパンアメリカン航空のニューヨーク行きでした。羽田はそのころ、皆さんが「万歳！　万歳！」と戦争中に出征軍人を送り出したときのように外遊者を送り出すのが普通でした。その後は、空港が急に静かになり、慶應の方々がいかにたくさんいらしたか、学生さんも多分まじっていただろうと思いますが。

そのころはスイスエアは操縦が巧みで山岳地帯に強いという評判でした。私どもの飛行機はたまたまそのスイスエアでした。

私どもはロックフェラー財団の助言で、まずレバノンのベイルートに向かいました。嵐の予報があって大抵の機はキャンセルになっていましたが、エア・インディアとスイスエアだけがスケジュールどおり出発しました。ベイルートに着くまでに、マニラやボンベイに泊まるのですが、そのころは本当に大変で、マニラの飛行場は草ぼうぼうという状態でした。ボンベイでは、インド航空が嵐の中をかろうじて着陸はできたのですが、その直後に火が出て、私どものスイスエア機が着陸したときはそれがまだくすぶっているところでした。私は最初から飛行機嫌いになってしまいました。スイスエアはこの嵐の中でも大変操縦が上手なので、スイスエアにして本当によかったと思いました。

そのころ、慶應義塾大学で同僚でもあった松本正夫さんのご夫人清子さんのお友達が、レバノン大使夫人でした。井筒は紹介状をいただいておりましたので、まるでＶＩＰのように扱っていただき、飛行機のタラップをおりたら大使館の方が迎えに出てくださっていました。ホテルも全部予約してくださっていました。そのころのレバノン空港は羽田に比べても小さく、閑散としていて、数人しか降りなかったのを覚えています。それが井筒にとって最初の海外旅行でした。

ロックフェラー財団の人々

ロックフェラー財団の学術研究基金による旅行だったのですが、大変寛容なフェローシップで、井筒はそのころとしては破格の待遇でした。二年間の研究旅行で、旅費だけでなく研究費が出ました。ですから、中近東では、それで本をたくさん買うこともできました。

カリフォルニア大学のエイブラハム・カプラン教授（Abraham Kaplan）が、ロックフェラー財団のフェローシップによる研究旅行でインドから日本にいらして、井筒と話し、米国に帰国後、財団に推薦してくださって、その結果、ロックフェラー財団のファースさんとギル・パトリックさんが井筒に面接するため、日本に来られました。一九五八年のことです。

井筒は *Language and Magic: Studies in the Magical Function of Speech*, the Keio Institute of Philological Studies, Keio University, Tokyo.（1956）という言語論の本を慶應の語学研究所から出し、同時期に、「コーラン」の翻訳も岩波書店から出していましたので、きっとその二つが評価のきっかけだったのではないかと思います。

エイブラハム・カプラン教授はオーソドックス・ユダヤ教の家系で、ずっと昔までたどることができるようです。イスラエルからロシアへ、そしてアメリカへ渡った一族です。その人が *Language and Magic* を読んで井筒のところへいらしたのは、本当に不思議な縁だと思います。

ロックフェラー財団では分野別に審査員が構成されていて、そのころ、ローマン・ヤコブソン（Roman Jakobson）という有名な言語哲学者がその一人でした。この方から大変な推薦をいただいたそうです。今はもうそんなことはなくなったようですが、そのころの言語学では人間言語の発生起源を論じることは学問的タブーとされていました。井筒は *Language and Magic* であえてそれを取り上げています。東洋古典哲学にある言語形而上学を根底に陰在させた新しい発想展開だったのではないかと思います。

ロックフェラー財団の指示は、言語学の意味論の学問的拠点でもあったボン大学の、ヴァイスゲルバー教授（Leo Weisgerber）に会いに行くことでした。当時、後に出てくるチョムスキーなどの統語論、システム論に対立するサピア゠ウォーフのハイポセシス（仮説）、言語意味分節論のフンボルト、ソシュール、ヴァイスゲルバー等に触発されて、井筒は独自の意味論を考えているころでした。ベイルートとカイロを選んだのは「コーラン」研究のためです。その次に、カナダのモントリオールのマギル大学のイスラム・インスティチュートへ行って、ハーバードに行って帰るというのが、二年間の予定です。

ベイルートには五カ月、カイロには十カ月、ボンはわりに短くて、次にパリに行ったのです。そこには慶應義塾大学大学院文学研究科仏文学専攻の松原秀一さんがいらっしゃいました。それから、カナダ・モントリオールのマギル大学、アメリカ、ボストンのハーバード大学、サンフランシスコでカリフォルニア大学にもちょっと寄って、ロックフェラー財団に推薦してくださったエイブラハム・カプラン教授に会って、日本に帰ってくるというコースでした。全部で二年間でした。

マギル大学では、そのころ、後にハーバード大学の世界宗教研究所長になられたウィルフレッド・キャントウェル・スミス（Wilfred Cantwell Smith）さんがイスラム研究所の所長をしていらして、井筒のことを大変評価してくださり、日本に帰国した上で、すぐ引き返して改めてマギル大学のイスラム研究所に訪問教授として来てほしいと提案してくれました。そこで、七月ごろ日本に帰り、その年の九月には、もう一度モントリオールに参りました。スミスさんは、その後、世界宗教研究所長としてハーバード大学に転任されたのですが、そのころ、ハーバード大学の博士コースにいた現天理大学教授の澤井義次さんはそのスミスさんの講義をとっておられ、ハーバード大の博士号を取得して帰国するとき、スミスさんから、帰ったら井筒に会うようにと言われたそうです。

松本信廣先生との出会い

松本信廣先生は、井筒の学問上の恩人だと思います。信廣先生はフランスに五、六年かそれ以上いらして、博士号をとっていらした。その方が陰になり、日向になり、井筒を支えてくださいました。

そのころ、慶應には松本正夫、松本信廣、松本芳夫と、三人の松本さんがおられ、松本芳夫さんは「松本芳夫さん」、松本信廣先生は「信廣さん」か「信廣先生」、松本正夫さんは「正夫さん」と言っていました。教授の人数も少のうございました。

信廣先生は不思議な方で、井筒の才能を大変認めてくださったようです。井筒は、普段の講義はあまり休まなかったのですが、夏休みはなかなか大学に帰ってこないし、非難ごうごうでした。信廣先生は、井筒さんみたいな人は、絶対に研究をやらせなければいけないと言ってくださって、大変かばってくださいました。松本信廣先生にめぐり会えたことが、井筒の運命を決めたのだと思います。ですから、井筒は生涯、信廣先生に感謝しておりました。

ただ、井筒は本当にものぐさで、イラン革命のときテヘランから避難機で帰ってきて死ぬまでの十四年間、慶應義塾大学の門を一度もくぐらなかったのです。記念講演とか、大変名誉な講演会に講演者として招かれたのですが、井筒は講演がとても苦手なのと、そこは井筒がどういう心境だったのか、私はそばにいても全くわからなかったのですが、帰国後は一度も慶應に行きませんでした。したがって、信廣先生にお礼を申し上げる機会を永遠になくしてしまいました。

井筒は、信廣先生はお長生きなさるものと思って油断していたのです。一九八一年に八十四歳で亡くなられ、あれは本当に大変なことをしてしまったという思いが井筒にもあったと思うのですが、テヘランから帰ってから、お礼も申し上げないでそのままになってしまいました。

松本正夫さんは西脇順三郎先生のもとで知り合い、家族ぐるみの親友でしたが、やはり性格が大変違っていて、冗談に、「井筒さんは紫の衣を着たいのだろう」と、つまり、新興宗教か何かでもやりたいんだろう、とからかわれていました。井筒は、東洋の宗教は、西洋思想的に訳せば結局はメタフィジックであるという考えでしたから、そういう意味では、正夫さんとはつながらなかったのです。正夫さんは正真正銘のカトリックですから、まさに宗教なのです。そのことでは正夫さんに随分からかわれていました。

幼なじみではないのですが、二十代から友達になって、よく一緒にスケートに行ったり、そういう意味では、気のおけない友人でした。でも、思想的にはそういう違いがあって、井筒は正夫さんより四つ年下でしたが、正夫さんからはしょっちゅうからかわれていました。

当時、気鋭の哲学者だった沢田允茂さんは、井筒のさらに二つ年下で、正夫さんとは六つ違うわけです。沢田さんは、正夫さんはどうして井筒さんとは友達で、自分は井筒さんと二つしか違わないのに正夫さんの学生なんだと、いつも怒っていらっしゃいました。

慶應義塾大学言語文化研究所

あるとき、京都大学の言語学科から井筒にお誘いがあったのです。『広辞苑』をつくった新村出さんのお弟子の泉井久之助という有名な言語学者が言語学科を引き継いでいて、「井筒さん、ぜひ来てください」と、当時の西荻窪の家へいらしてくださったので、井筒は、行きたくなったのだと思います。井筒は、そういうところは非常に軽率といいますか、京都大学の言語学科へ行こうと思ったのです。

それを聞いて、松本正夫先生は烈火のごとく怒るし、信廣先生は大変悲しがられて、信廣先生と正夫先生の二人で京大へ乗り込もうということになりました。そのころ、京大には田中美知太郎さんがいらして、井筒のことを大変評価してくださっていたのです。信廣さんと正夫さんが行って、京大でどういうふうになったのかは存じませんが、お断りしてきたのです。井筒は、初めは自分で行くと言っていたのですが、そうなったらそれでいいということになりました。

そのときに信廣先生が、ともかく井筒を慰めるために、言語学科を慶應につくろうとお考えになったと思うのです。ところが、井筒は、それは責任が重いから嫌だ、とてもできないということで、それでは言語文化研究所をつくろうということになりました。でも、井筒は、そこの所長はまず信廣先生になっていただいて、自分は自由に外国に行ったりしたいから所長は嫌だと言ったのです。

そこで、言語文化研究所をつくってあげる、それに、井筒さんは何十カ国語もできるのに、外遊を一度もしたことがない、日本を一度も出たことがないので、外へ出してあげましょうとおっしゃって、そのころ「大福帳（奉加帳）」と言っていたのですが、信廣先生が財界から寄附金を集めてくださいました。それは慶應にまだ残っているかどうか存じませんが、きっと信廣先生が藤山愛一郎氏の縁故で財界の方を知っていらしたので、随分いろいろな方々が寄附をしてくださったのでしょう。井筒は奉加帳が回ったらしいととても恥ずかしがっていました。

そのころ、円がものすごく安かったのです。そこへ、本当に運命だったのですが、ちょうど時を同じくして、エイブラハム・カプラン氏がやってきて、帰ってからロックフェラーに井筒を推薦してくださったのです。それで、ファースさんとギル・パトリックさんが日本にいらして、井筒と会って、井筒が外国に行けることになりましたので、松本信廣先生が奉加帳で集めてくださったお金は、本でも何でも買うお小遣いにしてくださいということになったのです。

もう一つ、信廣先生がしてくださったことがあります。あのころ、博士というと、大学博士（Ph. D.）ではなくて、ドクトル・エスレットル（Doctorat es letters）でした。教授を相当期間勤めてから発行されるものでした。井筒は慶應義塾大学教授ではありましたが、博士はまだ持っていませんでした。そのころ、信廣先生が企画された外国語の学術叢書〔Studies in the Humanities and Social Relations, Keio University〕がありましたが、*Language and Magic* がその第一巻として出て〔一九五六年〕、八年間かかって翻訳した『コーラン』〔一九五七年刊行開始〕が岩波書店からと、両方ちょうど同じころに出たのです。

信廣先生は井筒に何もおっしゃらないで、その二つを、論文と副論文として、ドクトル・エスレットルの申請をしてくださったのです。私どもがベイルートにいたときに、「井筒さん、博士というものは日本では大したことはないが、外国へ行ったら持っていないと話にならないから、とってあげましたよ。やっと間に合いました」とおっしゃって、博士号を取得できた旨、レバノンへお手紙をくださいました。外国ではそれがなかったらだめだということは、信廣さんご自身でよく経験していらっしゃったのだろうと思います。それで、レバノン到着以降、井筒はドクターになりました。

レバノンにて

井筒は、アラビアに行き、アラビア語をしゃべる場ができたというので、まるで魚が水を得たように、うれしかったようです。あの辺は、日本の明治時代の文語と口語のように、文語（フスハー）は口語と大変違います。日本人が、口語でなくてフスハーでしゃべると、みんなびっくりするのです。全部コーランの言葉で、ムハンマドのころの口語ですが、今やそれは「何々で候」のような言葉になっているわけです。

学者はもちろんフスハーが話せるので、井筒は全部文語でやっていました。肉屋へ行っても乾物屋に行っても文語でやるものですから、向こうでとても珍しがられて、評判になりました。それで全部通じて、何の不自由もありませんでした。古本屋などは、外国人も来ることがあるでしょうし、もちろん文語になれています。アラビア語にも、なまりがいろいろあるようで、文語は共通語として通じる。北京官話のようなものです。

レバノンでは、買い物はほとんど井筒について来てもらいました。もちろん本屋にも私はついて行きましたけれども、お台所の買い物は井筒が大抵一緒に来てくれ、全然不自由しませんでした。

あるとき井筒が乾物屋に一人で買い物に行きまして、女の子に会いました。日本人のことをヤバーニーというのですが、その女の子が「ヤバーニー、ヤバーニー」と珍しがって、家までついてきたのです。トリポリ〔リビアの首都〕のお百姓の家の女の子で、お姉さんとレバノンへ来て、小さなデパートかどこかでお勤めをしていました。下の子はライラ、お姉さんがナジラというのです。その二人を井筒が連れて帰ってまいりまして、ここへ住まわせてあげようということになりました。大使館の人が見つけてくれたアパルトマンはかなり広いのです。では、いらっしゃいということになりました。大使館の人はみんな女中だと思って、そうではないと言っても信じないのです。

井筒は、どこでも機会さえあれば誰でもつかまえて、アラビア俗語を習いました。トリポリはアラビア語で「トラブルス」といいましたが、とても由緒のあるところですから、その娘さんは比較的ちゃんとしたアラビア俗語を話して、井筒は、それで口語もすっかり習いました。家に五カ月いまして、別れるときは泣きました。

河野レバノン大使の奥様が、松本正夫さんの奥さんの御茶の水女学校の友達で、実家は水戸幸という由緒ある骨董屋さんなのです。レバノン滞在中は、河野レバノン大使ご夫妻にいろいろお世話になりました。

ダマスカスにあったフランス国立研究所の所長で、イスラム学者のニキータ・エリセーエフ（Nikita Elisseeff）を紹介してくださったのは、慶應の西洋史の近山金次教授で、松本正夫さんの親友です。ダマスカスはそのころは割に平穏無事で、研究所は開いていましたが、エリセーエフ氏は、後にパリへ帰られました。そこへ寄りなさいと近山さんから紹介されていたので、ベイルートからダマスカスへ車で出かけたのです。ベイルートを起点にして、アレッポとかエルサレムなどいろいろなところへ行きました。

その方のお父さん〔セルゲイ・エリセーエフ〕は帝政ロシアのいわゆる〝ブルジョワジー〟で、ロシア有数の食料品店「エリセーエフ商会」のオーナーでしたが、日本に亡命し、東京帝国大学国文科に入学後にパリにいらして、パリでできたお子さんの一人がニキータ・エリセーエフで、イスラム学者でダマスカスの研究所の所長だったのです。そういうつながりは不思議です。日本にいらしたころのお父上は羽織袴であいさつなさったという話は有名です。

ダマスカスは古い都ですから、ニキータ・エリセーエフ氏は古い町筋とか遺跡を全部調べて、何冊も本をお書きになっています。

カイロにて

カイロでは、前の国連事務総長で、日本にも何回かいらしたことのあるブトロス・ブトロス＝ガーリ（Boutros Boutros-Ghali）氏に、ロックフェラー財団から紹介されました。彼はコプト教の王子様です。コプトはエジプトで発生した古いキリスト教の一派で、彼の一家はファイユームという湖のある地方一帯の昔からの領主で、その子孫代々はずっとエジプトに住んでいらっしゃったと聞いています。

ブトロス・ブトロス＝ガーリ氏のお住まいは、ナイル川のほとりに面していて、窓からピラミッドが見える大きなご自身の持ちビルでした。下の階に、親友で、非常に有名な哲学者であると同時に銀行家でもあるイブラーヒーム・マドクール（Ibrahim Madkur）氏が住んでいらっしゃいました。アヴィセンナ（イブン・シーナー Ibn Sīnā）の権威です。井筒はガーリ氏からマドクール氏を紹介されました。イブラーヒーム・マドクールの弟子のエフワーニーさんは、イブン・シーナーの専門家で、カイロ大学哲学科主任教授なので、その方からもいろいろな学者に紹介されて、カイロ滞在が本当に有益なものとなりました。

井筒は、表はとてもにこやかで愛想がいいのですが、本当は人嫌いといいますか、内気なのです。宴会などでも、向こうから近づいてこない限り彼は全くウォールフラワーで、社交的なことは全然できない人でしたが、講義などでは案外デアリングなことを言いました。

井筒は慶應ではわがままいっぱいにしておりましたが、外国では、その時々で決断しなければならないことがあります。そういうことは、ちゃらんぽらんでなくて、その場でパッと決断しました。ですから、一九七九年に最終的に日本へ帰ってきたときにも、絶対にどこにも勤めないとか、そういうふうに自分で決めてしまうのです。不思議な性格だったと思います。

私は、大体無反省、反省しない人間なので、いつもその場その場で対処して、それでおしまいというところがあります。私は、ただ井筒の後をついていればよかったわけですから、極楽トンボでしたが、彼自身はいろいろ決断しなければならない場面があって、大変だったと思います。

カイロでは、マドクールに紹介されていろいろな方と知り合いましたが、講義はしないで、専ら習う方でした。井筒は、どこへ行っても習うのが好きでした。マドクールの紹介で、アブドゥル・サッタール・アフマド・ファッラーグという長い名前の方に、アラビア語を習いました。その人はサウジアラビアから上エジプトに渡ってきた大変由緒ある家系で、家の近くを掘るとスカラベなどが出てくるということでした。イスラム以前の詩集『アガーニ』の学術的編纂をしたことで有名な人です。

イブラーヒーム・マドクールさんはアラビア語学士院の院長でした。民族的にアラブではなく母国語がアラビア語でもない、マレーシアなど東南アジアのイスラムもありますが、アラビア人であるマホメットに下されたアッラーの託宣がアラビア語であった、したがって、コーランはアラビア語で書かれている。それでイスラムは、宗教的にもアラビア語を非常に大切にするのです。マドクール氏が井筒をアラビア語学士院国外会員に推薦してくださいました。今はわかりませんが、そのころにはちゃんと登録されていたはずです。井筒が正統派のフスハー（文語）をきれいに話すので（言語学の一環として文法学はもちろんのこと、発音学は彼の必須の一分野でもありましたから）、マドクール氏が評価してくださったようです。

夏は、エフワーニーさんの家族と一緒にアレキサンドリアの近郊へ避暑に行きました。たしかシーディー・ビシュル（Sidi Bishr）というところで、外国人がたくさん来る派手な避暑地ではなくて、アレキサンドリアからバスで三十分ぐらいかかる小さな避暑地でした。

そこは、アレキサンドリアのような都会でなく、バラディー（田舎風）という感じでした。そこでは、アフリカの本当のベリーダンスを上演するのです。男性も女性も、体の筋肉が全部細かく動いて、すごいものでした。よっぽど訓練しないとできないと思います。それから、それこそ田舎風な漫才というか演劇をやっていました。私は、ダンスはわかりますが、ドラマはわかりません。井筒は、エフワーニーさんと二人でゲラゲラ笑っていました。

エフワーニーさんの奥さんはおもしろい人で、あの辺は良家の子女や地主の娘はカトリックの寄宿学校へ入れるので、すっかりフランスかぶれで、バラディーは嫌だというのです。そんな田舎風のところは絶対に行かない。井筒と二人でそういうところへばかり出かけていくものですから、夫婦げんかになって、夫人は怒ってカイロに帰ってしまいました。そういうことをしながらも、井筒は非常な勉強になったと思います。

カイロでは、エコール・ファックスという語学校で、ドイツ語会話を一対一で習いに行っていました。英・独・仏・露・スウェーデン語の会話は、リンガフォンを使って随分勉強していたのですが、語学校で直接習えるので、井筒にとっては、忙しいと同時に、本当におもしろかったようです。

ただ、カイロではトマトと卵を食べすぎると、日本人はよく黄疸になると大使館の方から注意を受けていたのですが、お醤油とお味噌の日本食と違って中近東の食べ物は重くて、つい卵料理とトマトばかり食べてしまうのです。井筒も黄疸になって、目が真っ黄色になりました。私は平気でした。その日はちょうどマドクール氏に初めて会いに行く日で、アポイントメントを取り消すわけにいきません。井筒の顔を見ましたら、目は真っ黄色でフラフラしているのですが、タクシーで出かけていきました。若いから、まだよかったのです。

井筒は歩くのが好きで、カイロでも、バザールでも何でも、大抵のところには歩いて行きました。随分歩いたので、町の様子がよくわかりました。

井筒は専ら本を買っていましたが、カイロでアガーテという赤い石のついたカフスボタンを買いました。赤い瑪瑙で、元来は古い骨董品の印鑑です。そういうものをカフスボタンにきれいに仕立てて、貴金属店で売っているのです。

ボン大学で

カイロから、まずフランクフルトへ出て、そこに一週間ばかりいて、たまたまベートーヴェンのオペラ『フィデリオ』を上演していたので、それを観に行きました。

ボンでは、ボン大学に行きました。今、改めて考えると、カイロでドイツ語会話を習っていたのは、そのためだったのだと思います。そこで、ヴァイスゲルバーに紹介されたのです。当時のフランクフルト学派でフンボルトの流れをくむ言語意味論者です。その意味論は、〝サピア＝ウォーフのハイポセシス（仮説）〟とともに、非常に有名です。ヴァイスゲルバーの下にいた人が、英文学者のシュミット・ヒディングです。

一九六〇年十一月十五日、訪問学者として井筒は、教室で意味論についてペーパーを読んだのですが、そこにヴァイスゲルバーやシュミット・ヒディングも出席していて、井筒は緊張し切っていました。あんなに緊張した井筒は見たことがないぐらいです。

慶應の講義でも雄弁で、気軽に話していたと思っていらっしゃる方もあるのですが、準備を大変よくしていました。後でそれをみんな本にするので、非常に効率的です。特別に準備するというより、講義をもとに書き直すのです。

ボンでは、やはりロックフェラー財団の紹介で、ハンス・ハイデという、第二次大戦のときの東ドイツ出身のナチスドイツ将校で、終戦と同時に西ドイツへ移ってきた人の家に、一カ月ぐらい下宿させていただきました。

ハンス・ハイデさんに、ドイツの森に連れていっていただきました。木の幹の風の当たらない片側にだけ苔が生えていて、木立が整然としています。戦争のとき、ここは戦場になったそうですが、まだ昭和三十五年ぐらいですから、日本はドイツと同じ敗戦国という気持ちがあったのではないでしょうか。森の中にぽつんとコーヒーハウスのようなものがあって、そこでハイデさんといろいろ話をしたり、兵士の墓へお参りに行ったりしました。

ハイデさんは東独の旧家の出で、ピアノを弾いたり、絵が上手で、私どもも絵を一緒に描きに行ったり、のんきなものでした。自分の車で写生に連れていってくださるのです。夕方まで絵を描いて、小さなホテルに行って夕食をとるのです。ハイデさんは手術で胃が半分ないので、食べないで、私どもが食べるのを見ていらっしゃるのです。

ターゲスズッペ（きょうのスープ）とかあるので、スープならいいでしょうとお勧めしても、今それは控えているからと、横でいろいろお話をしてくださる。実にいい方でした。

ハンス・ハイデさんは生粋のナチス将校だったのでしょうが、ロックフェラー財団は、井筒にイスラムの勉強をもっとさせようとしたり、そういうことに全然関係なく多様な学者を紹介してくれました。それには私も驚きました。ロックフェラー氏その人が人種的にユダヤ人だということを後で知りましたが、本当によくしてくださったのです。ドイツでも、旧ナチの将校のところへ下宿できるよう財団が手配しておいてくださったのです。

第一、最初、井筒をロックフェラー財団に紹介してくださったのが、カプランという先祖代々のオーソドックスのユダヤ教徒です。彼はカリフォルニア大学哲学教授でした。奥さんはすばらしい金髪美人でした。ユダヤ系だそうです。「うちの家内はハリウッド型だ」と言って笑っていらっしゃいました。お名前はアイオナさん、つまり旧約聖書の〝ヨナ〟です。

パリにて

ボンには一カ月ぐらいいて、その次にパリに行きました。パリへ行ったのは冬でした。パリには、慶應の松原秀一さんや高山鉄男さんがいました。

松原さんは、機敏な人のように見えますが、案外のんきな方で、パリの空港へ出迎えてくださるはずだったのですが、いつまでたってもいらっしゃらなくて、高山さんが来てくれました。それで、松原さんたちが決めておいたオペラ通りからちょっと奥へ入ったところの小さなホテルへ行きました。

パリには、オルリー空港とシャルル・ド・ゴール空港（その頃新設されたばかりでした）と両方あったのですが、ド・ゴールの方は国際飛行場で、オルリーは国内向けの空港でした。私どもはオルリー空港へ着いたのに、松原さんは、ドイツからだから国際飛行場だと思ってしまって、ド・ゴールのほうへいらしたのです。

そのころ、松原さんや高山さんはまだ学生でした。パリは、そのころ道はそんなにきれいではないし、水たまりがあって、歩くとピチャピチャとしぶきが上がるぐらいだったのです。あのころ、松原さんは本当にご苦労なさったと思います。

私どももパリ滞在中に、外交官でいらした松原さんのお父上がたまたま何かの会議でパリにいらして、ご新婚ほやほやの松原さんご夫妻のアパルトマンに滞在していらして、私どもはそこにご招待を受け、帆立貝の日本風のなべ物をいただいて、本当においしかったことを覚えています。

パリには、一カ月ぐらいしかいませんでした。一月には、モントリオールへ行きました。一番長かったのはカイロで、ヨーロッパは本当に駆け足でした。

モントリオールにて

モントリオールでは、マギル大学のイスラミック・インスティチュート（イスラム研究所）に行くようにとロックフェラー財団から紹介を受けていました。後にハーバードの世界宗教研究所長のトップになったキャントウェル・スミスさんの秘書の方が空港にちゃんと迎えに来てくれて、すぐ小さなアパートメントホテルのようなところに連れていってくれました。受け入れ準備ができていたわけです。

それまではスミスさんには一面識もなかったし、文通もしていません。そこで初めて会いました。そこで、井筒の *God and Man in the Koran: Semantics of the Koranic Weltanschauung* のマレーシア版〔Islamic Book Trust, Kuala Lumpur, 2002〕に序文を書いているパキスタン人のファズルー・ラフマン（Fazlur Rahman）氏に会いました。そのころから、パキスタンのイスラモロジーでは第一人者だったのです。もう一人、一種の亡命者だったと思うのですが、トルコのニヤジ・ベルキス（Niyazi Berkes）という社会学の人に会いました。

それから、クリバンスキー（Raymond Klibansky）に会いました。クリバンスキー教授はオックスフォードで教えていらっしゃいましたが、マギル大学へ引き抜かれて、哲学科長をしていらっしゃいました。また、アンスティチュー・アンテルナショナル・ド・フィロソフィー（国際哲学研究院）、インスティチュートという名前はついていますが、研究所ではなく、非常にエクスクルーシヴな国際哲学会で、パリにあるのですが、英国の哲学者アルフレッド・エイヤーと前後して、その国際哲学研究院の会長をしていらっしゃいました。後で、井筒もその国際哲学会の会員に選出されることになるのですが、事務所はパリにあっても、会員は世界中にいるわけです。クリバンスキーは井筒に非常に興味を持って、マギル大学にいる間じゅう、ずっと一緒にいろいろなことをしました。

後で非常に親しくなる人たちは、最初のころはまだいなかったのですが、その次に行ったころに、ヘルマン・ランドルト（Hermann Landolt）というスイス人が来ました。アンリ・コルバン（Henri Corbin）というソルボンヌの有名なフランスのイスラム学者のお弟子さんです。それから、テヘランからメフディ・ムハッキク（Mehdi Mohaghegh）という学者が来るのですが、それは後でいろいろ展開があります。

ロックフェラー財団に紹介してもらったためか、マギル大学では、最初から非常に手篤く迎えてくださいました。そのころはロックフェラーのフェローシップの主要なテーマは哲学・思想だったのですが、その次から、ロックフェラー財団の政策が農業政策に変わったのだそうです。井筒は、哲学に力を入れている最初のころのフェローシップでした。

最初にマギル大学に行ったときは、ここにまた長く来ることになるとは全然思っていませんでした。私も井筒も、外国滞在生活に少し疲れていて、早く日本に帰りたいと思っていました。井筒はもちろん英語で話していましたし、学識のほどもちょっと話せばお互いにわかるようです。クリバンスキーが井筒を好きになったのは、ギリシャ・ラテンがよくできて、何が話に出てきても全部わかるということで、一度に井筒を気に入ってくださいました。

クリバンスキーとは、またいろいろなつながりがあって、本当に不思議だと思うのですが、理想社社長の大江精志郎さんの弟さんで哲学者の大江精三さんがドイツへ行っていたころ、クリバンスキーが彼の家庭教師をしていらっしゃったそうです。

大江精三さんは、そのころ、日大哲学科の科長をしておられました。大江さんがドイツに留学なさったころは、マルクの下落が大変で、円をある程度持っていれば、本屋へ行って一棚全部買えたそうで、そういう調子で買っていらしたらしいのです。大江さんと同じ日本の学者ということもあって、クリバンスキー教授は井筒に大変興味をお持ちになったようです。

大江さんが留学なさった第一次大戦直後のそのころは大変な時代だったので、ドイツ人はマルクではほとんど生活できない。クリバンスキーは、若いころ、一時あの有名なリッケルト（Heinrich Rickert）の書生をしていらしたそうで、錚々たる経済学者や哲学者がリッケルト邸のサロンに集まってすばらしかったそうです。

井筒は、クリバンスキーとは文化的背景が違いますが、大変尊敬していたと思います。彼がギリシャと中世ラテン哲学をフィロロジカルに研究していらっしゃる高名な学者ということで、何か学問的なつながりを感じていたのではないでしょうか。その点では、その友情をありがたく貴重だと感じていたと思います。

モントリオールからハーバードへ行きました。

スミスさんは、マギル大学イスラム研究所テヘラン支所が設立される少し前に、モントリオールからハーバードへ移られました。ハーバードでは、有名なイスラム学者ハミルトン・ギブ（Hamilton Gibb）の講義をちょっと聞いて知り合いになったぐらいで、一カ月ぐらいしかいませんでした。

こうして、昭和三十四（一九五九）年からのロックフェラー基金での外遊が、井筒にとっての大転換期でした。たった二年間なのに、今から考えても、夢のように長かったという気がします。全てが初めての経験でした。

最初のロックフェラー・フェローシップによる研究旅行で会った人たちで、縁がなくなったのはダマスカスのフランス国立研究所のニキータ・エリセーエフ所長です。あのときにお世話になって、それ以後も本を送ってくださったりしたのに、本当に申しわけないことですが、すっかり途切れてしまいました。

カイロの人たちとも非常に親しくして、特にカイロ大学のエフワーニー教授とは一緒に避暑に行ったのに、疎遠になってしまいました。エフワーニーさんは、後でモロッコの大学に訪問教授をしていらして、そこで亡くなりました。井筒がちょうどテヘラン大学で名誉教授号をもらったとき、同時にもらった方がカイロ大学からいらっしゃったのですが、その方がエフワーニーさんのご親戚でした。実はエフワーニーさんはモロッコ大学のヴィジティング・プロフェッサーとしてモロッコにいらっしゃって、その訪問先で亡くなられたということをその方から聞きました。

ウェーキ島の思い出

一九六一年、マギル大学からハーバードに行き、一カ月後、七月に帰途についたのですが、井筒を紹介してくださったエイブラハム・カプラン教授が、サバティカルイヤーでサンフランシスコの研究所にいらしたので、カプラン教授のお宅に伺って、二、三日滞在しました。その方の奥様アイオナ・カプランは金髪の美人で、旧約聖書のヨナからとった名前ですがそのヨナさんと、娘さん二人にも会いました。

サンフランシスコから羽田への途中、中継地だったのか、飛行機が何の前触れもなくウェーキ島におりたのです。ウェーキ島では、真っ青な海の中に、日本軍の真っ黒な軍艦が半分に折れて逆立ちしたように突き出ているのが、そのまま置いてあるのです。米軍の基地があって、軍人をおろしたのか乗せたのでしょうが、私は何となく敗戦国日本人である立場を意識してひがんでいましたから、そういうのを日本人に見せるためにわざと置いてあるような気がして、びっくりしました。

空港の売店で売っていた *The Story of Wake Island* には、兵隊さんが全部飢えて死んだとか、日本軍人の状況が書いてあるのですが、それが実に悲惨でとてもショックを受けたことを覚えています。その小さな軍事空港みたいなところに一時間か二時間いたのですが、その本を読み出したらやめられなくなって、それを読んでいました。

私は熱心な愛国心の持主でもなかったのですが、戦後十四年たって、忘れかけていたことを急に呼び覚まされたというか、ぎょっとするほどでした。それが今でも強烈な記憶になって残っています。ドイツのケルンでは、戦争で壊れた大きな教会があって、そのときも戦争のことを思い出しました。

マギルへ行く決断

その年、ロックフェラー財団フェローシップの外遊でマギル大学のイスラム研究所に滞在したときに、一度日本へ帰国したうえで、訪問教授としてできるだけ早く研究所に来てほしいと招聘を受けていました。

日本へ帰ってきて、松本信廣先生にご報告して、九月にはまたマギル大学に行くということを慶應に申し上げたのですが、先生は「それでは慶應と半分ずつにしなさい」とおっしゃいました。カナダは五月に長い休暇があるので、九月から四月末くらいまでカナダにいて、五月、六月、七月、八月は慶應でという形でしたが、実際にやってみると慶應で講義する期間はほとんどないぐらいだったのです。井筒も全面的にマギル大学に移るという気持ちもあまりなかったのかもしれませんが、マギル大学と慶應の間で、それを三年ぐらい続けました。毎年、五月に日本に帰ってきて慶應で講義をしまして、七月には軽井沢へ行き、九月の初めに帰ってきて、慶應でまた講義をするという状態でした。

マギル大学との契約は、最初は訪問教授（Visiting Professor）でした。その前の二年間は外遊していましたから、マギル大学の訪問教授も三年目になると、慶應から全部で五年ご無沙汰してしまったことになります。信廣先生は何もおっしゃらなくて、そのまま続けさせるおつもりだったかもしれませんが、井筒はさすがに心苦しくなったというか、ここで何とか決断しなければという気持ちになりました。

マギル大学では、Permanent Professor といいますか正教授でぜひ来てほしいと言われました。そのときの所長は、後にハーバードの世界宗教研究所長になられたウィルフレッド・キャントウェル・スミスという人です。その方が非常に強力に井筒にぜひ来るようにと言ってくださって、そこでいよいよ考えなければならないことになったのです。

マギル大学と慶應の往復を三年ぐらい続けましたが、慶應に負担をかけて申しわけないので、こちらから遠慮しました。その間は慶應からもちゃんとお給料をいただいており、ますます心苦しくなりました。

そして遂に、井筒も決断しなければならなくなったのです。このままずるずるマギル大学と慶應義塾大学を往復しても、慶應にご迷惑がかかるということが、第一でした。松本信廣先生はもちろん何もおっしゃいません。結局、マギル大学へ行くことに決めました〔一九六九年〕。

信廣先生にこの三月までで辞めたいと申し上げましたら、信廣先生が、年金やその他の関係で今辞めたらもったいない、あと少し籍を置いておきなさい。そうすると、年金も出るからとおっしゃった。信廣先生は大変ご親切で、カナダへ行っていいから、籍だけは置いておくとおっしゃったのです。ところが、井筒は、申しわけなくて、とてもそんなことはできない。それは結構ですと言って、年金の出るときまでいないで、出てしまったわけです。

そのときは、実は井筒は、そのまま日本にいたかったらしいのです。私は、井筒の学問のために、この際、外国へ行ったほうがいいという意見でした。慶應も継続して、両方にいるのが一番楽だったのですが、あまり長くそういうことをし続けて、私たちのほうで申しわけなくなり、それが耐えられなくなったのです。

マギル大学の話が来る前から誠に学問も教育も自由にさせていただいた。ロックフェラー基金の外遊のときもそうですし、その前の京大から招きに来られたときもそうです。その前から井筒は病気ということもあったのです。三十代の頃は肺病で講義を随分休みました。ですから、これ以上そんな状態を続けることができなくて、どっちかに決断するべきだ、しなければならないということになったのです。井筒は、外国へ出てしまうということに対して、躊躇があったようです。やはり彼は案外慎重なところがありました。

私は、なんとなく井筒の様子を見ていまして、これだけ外国語をやったのだから、やはり国際的にやるべきだ。この際、カナダへ行ったほうが良いのではないかと内心考えていたのだと思います。井筒は随分躊躇したのですが、それなら、やっぱりそういうことにするかということになりました。

彼は *Language and magic* を自分の最初の言語論として書いたときに、皆さんから、なぜ井筒さんは外国語で書いたのかと不思議がられたそうです。そのころはちょうど言語学の興隆期で、日本では、本当にオーソドックスな方としては、服部四郎、高津春繁、辻直四郎、山本達郎さんなどが有名で、達郎さんは言語学プロパーではありませんけれども、服部さんと高津さんは日本が誇るべき本当の言語学者でした。その方々とは助手時代から仲よしだったようです。もちろん辻直四郎先生は大御所でしたけれども。そのころ日本語学界も発祥地ヨーロッパの言語学と同等の域に達していて、西洋言語学の方法論を中国語、日本語など印欧語以外の言語に適用して、ヨーロッパの言語学理論に何かを付加しようとしていた時代で、時枝国語学・文法学などはその一例だったと聞いています。数十年後にみんな学士院で再会することになります。

そういう時代の動きもあって、井筒は晩年、今使いものになるのは二十数カ国語だと申しておりましたが、当時の言語学的フィロロジーのための不可欠な学問的素地として言葉をたくさん勉強していたようです。ですから、外国へ行く前から、文献とか小説とか、何でも原語で読んでいました。

ヨーロッパから言語学を取り入れた最初のグループの一人だったと思います。大戦前に日本言語学会をつくったのも、東大の辻直四郎さん、服部四郎さん、高津春繁さん、山本達郎さん、それから慶應の西脇順三郎さんで、松本信廣さんも入っていらしたかもしれません。それに京都の新村出さん、泉井久之助さんなどなどです。井筒もそこへ入っていたわけです。そういう日本の状況があったようです。

井筒は、言語学を単なる言語学としてではなく、言語哲学として一つの思想的な形にまとめたい。そして、『言語分節は即ち存在分節に他ならない』という東洋的言語哲学として成立させることを彼は目指していたようです。

幸い哲学者として広い視野を持つクリバンスキー教授もいることですし、学問のためには、この際、思い切ってマギル大学に移り、そこを拠点として思想界の現実に直に接するのがいいのではないかと私は内心考えていましたが、井筒ももちろんそれを考えてはいたようです。

今改めて考えると、井筒はやはり言語論・言語哲学そのものの研究を続けたかったのかも知れない、とハッとする思いです。井筒にとっては、日本で言語哲学を研究し、それを展開し続ける選択肢もあったはずでしたから。信廣先生も、井筒のためだったら何でもしてくださるという方でしたから、マギル大学に行くのならばそれはそれでいいだろうというお考えでした。正夫さんは、前から国内で慶應以外のところへ行くのは承知しないぞという立場を貫いていましたから、国外ですから何も言えなかったし、別に反対する理由もなかったのではないでしょうか。信廣先生が、後始末のことなどをいろいろ考えてくださったのだと思います。

そのとき、信廣先生が慶應義塾大学に今の言語文化研究所を創ってくださっていました〔一九六二年〕。先生は井筒に所長になるようすすめてくださったのですが、井筒は、やはり自分はそういう重責には向かないとお断わりを申し上げました。そして外国へ行き研究に専念することを決意したようです。

私は、今、考えてみれば、やはり外国に出たのは正解だったとは思うのですが、井筒にとっては、学問的にも、いろいろな点でも、のんきな時代が終わったときでした。

研究分野がイスラムに特化する一つの転機でしたが、その前にドイツ・ボン大学のフンボルト派言語意味論のヴァイスゲルバーに会うことは、井筒が初めから願っていたところなので、そこへ行ったときは、イスラムよりはむしろ言語哲学・言語論の方向に進むことを考えていたようでした。彼の研究の本筋は、英文処女著作 *Language and Magic* に見られるようにすでにその方向に向っていました。ボンの滞在は一カ月でしたから、旅行の途中ボン大学でペーパー読みを一度したくらいでした。

クリバンスキー氏との出会い

モントリオールに行って、そこでたまたまスミスさんに出会って、井筒は自分でよく「イスラムにつかまった」と申していましたが、考えてみれば、イスラム学の流れも井筒の学問のなかでは非常に強力に位置づけられていたと思います。一応言語意味論という方向に向いていたわけですが、そのために関根正雄さんとご一緒に旧約のヘブライ語を始め、一応それがおわった時点で、同じセム語であるアラビア語に向かいました。その背後に独自の文字言語文化を持つ言語や、その関連言語を選びながらいろいろな言語をやっていました。コーランのアラビア語もその一環だったと思います。でも、スミスさんとの運命的な出会いがあって、結局、マギル大学へ行くことになったわけです。

やはりいろいろな国際的な学会やその学問的水準などを実際に知ったということは、井筒にとっては大変必要なことだったのだろうと思います。おまけに、そこでクリバンスキーに出会いました。

ＩＩＰ〔Institut International de Philosophie ＝国際哲学院〕は、各国の国際的な規模の哲学者を選んでその会員にする。だから、会員は一カ国で数人です。パリに事務所がありまして、アルフレッド・エイヤー（Alfred Jules Ayer）とか、ギリシャ、スペイン、イタリア、英、米、独、北欧など、国際的に名のある学者がそこに会員として入っていて、一年に一回集まります。出版もしていました。

クリバンスキーはエイヤーなどと非常に親しかったわけです。オックスフォードとマギル大学は様々な学問分野で関係が深かったようです。

クリバンスキーがマギル大学に招聘されたのは、井筒がマギル大学に行く数年前だったのではないかと思います。スミスさんはイスラム研究所の所長で、クリバンスキーはマギル大学の哲学科の科長でした。

クリバンスキー自身、英・独・仏のほかギリシャ・ラテン・スペイン・イタリーなどの諸語や文献に堪能で、特に中世ラテン哲学、ギリシャ哲学や現代の先端的な哲学にも通暁していて、井筒にとってクリバンスキーは哲学を語ることができる大先輩でもあり、畏友でもありました。クリバンスキーはマギル大学文学部に大きな研究室を一つ与えられていました。本もそこへ全部置けるようになっていて、そこにあった本は、後でそのまま全部マギル大学に寄贈されるということでした。

クリバンスキーは、日本に一人友達がいたということが、後でわかりました。それが哲学者で、日大教授でいらした大江精三さんです。大江精三さんは、第一次大戦のすぐ後に、まだ二十幾歳のころだと思うのですが、ドイツへ留学なさいました。前に述べましたが、そのときにドイツの貨幣が暴落していて、円を持っていると、本を一棚ずつ買えたのだそうです。そのときたまま、クリバンスキーを家庭教師に雇ったのだそうです。

やがてＩＩＰの会員を日本からも選出しようということをクリバンスキーが言いまして、最初に大江精三さんを会員にしました。ＩＩＰでは、入会のときに紹介者とかいろいろあるらしいのですが、大江さんはクリバンスキーの直接紹介ということで会員になり、その次に井筒がやはりクリバンスキーの紹介で会員になって、今度は松本正夫さんと中村元さんが井筒の紹介で入ったのです。ですから、日本ではＩＩＰの会員が四人いたわけです。

クリバンスキーはその当時のＩＩＰの会長で、その次の代は、英国の哲学者のアルフレッド・エイヤーだったと思います。クリバンスキーは名誉会長になりました。

マレーシアとの縁

二〇〇二年、マレーシアで井筒の英文著書 *God and Man in the Koran* が復刊されたのですが、その随分長い序文をパキスタンのファズルー・ラフマン教授が書いています。世界的なイスラム学の大家です。この人が、ちょうど井筒が教えに行ったころにマギル大学で教えていらっしゃったのです。パキスタンのスンニー・イスラム学ですから大変厳格で、今もパキスタンでご健在です。この本を刊行するに当たって、マレーシアの人が彼に序文をお願いしたようです。

マレーシアは、井筒にとりまして非常に縁があるのです。井筒がマギル大学で教えていたときに、少し長い名前なのですが、サイード・ナキーブ・アル・アッタース（Syed Muhammad Naquib al-Attas）という学生がいました。彼は後でとても偉くなりました。マレーシア国立イスラム研究所の初代所長になって、鎌倉のこの家にも来たことがあります。アッタース家はマレーシアの名家で、第二次大戦中も大変な親日派だったようです。井筒の死後、オランダのブリル社をとおして井筒の蔵書を買い取りたいと申し込みがありました。イスラム研究所において保存したいということでした。

マギル大学での交友

マギル大学では、井筒は後でそれを本にする目的で、講義は周到に準備していました。イスラムがテーマです。彼の全著作の中では重要な柱になるものの一つだったと思います。

マギル大学では、本当に限られた人と仲よくなりました。そのころ、スーパーでは日本食の材料はほとんど何も買えませんでした。

トルコ人の教授でニヤジ・ベルキスという社会学者がいましたが、その人の奥様はフェイ・ベルキスというアイルランド系の方で、ハーバード出身の物理学者でした。その奥様がお友達に聞いて、日本のお店を見つけてくれたのです。

「モントリオールの日本屋」と私どもは言っていたのですが、宮本という日本人の三世の食材屋さんで、乾物とか、大根とか、豆腐とか、ほうじ茶とか、すき焼き用に切った牛肉まで売っているのです。何から何までありました。日本から輸入しているのです。その人のおじいさんは一世で、第二次大戦中収容所へ入られた人でした。

井筒の友人は、そのベルキスさん夫妻と、ジョン・オルデン・ウイリアムス（John Alden Williams）というイスラム歴史学の教授でした。ウイリアムスは、アメリカ南部のアーカンソーの地主の家柄で、彼の翻訳した著作『エジプシアン・ファーラヒーン（エジプトの農民）』は古典になっているのではないかと思います。その人がまだ独身時代で、随分親しくしました。彼の案内でトルコのアナトリア地方などを旅行しました。

その後、パリ大学のイラン・イスラム、つまり、シーア派イスラム学専門のアンリ・コルバンのお弟子さんで、スイス人のランドルトという人が来ました。バーゼルでイスラム学をやって、パリ大学のコルバンのもとで博士号をとった人です。もちろんアラビア語、ペルシャ語の他に、英語、ドイツ語、フランス語もできました。当時、二十歳くらいだったと思います。そこへ、イランのメフディ・ムハッキク教授が来たのです。それで三人組みたいになって、とても親しくしました。パキスタンのファズルー・ラフマンもいて、彼のモントリオールの家に呼ばれたこともありますが、彼は宗教的には最も厳格なタイプのスンニー派イスラムです。ムハッキクはシーア派だし、ランドルトは全くイスラムではありませんが、三人は友達として非常に親しくなったわけです。

イスラム研究所テヘラン支所開設

マギル大学へ行く条件として、井筒がマギル大学に申し出たことがあるのですが、それは中近東に研究所をつくってほしいということでした。今から考えればなんとなく厚かましいような申し出ですが、マギル大学イスラム研究所の支所のようなものを中近東のどこかにつくっていただけたら、マギル大学に参りますと申しました。すると、それではつくりましょう、と思いがけず、当時のマギル大学イスラム研究所所長だったチャールス・アダムス氏が応じてくださったのです。

井筒は最初、シリアのダマスカスを考えていたようです。やはりダマスカスはスンニー派イスラム学の中心地でしたし、ニキータ・エリセーエフのフランス国立研究所もありました。セルゲイ・エリセーエフはロシア王朝時代のブルジョワジーで、追われて日本へいらして、岡倉天心とか、フェノロサとグループになって活躍された方です。日本では和服で、あいさつをするときには羽織袴だったという方ですが、ニキータ・エリセーエフはその方のご子息です。

慶應の文学部教授の近山金次さんが（一九五〇年代だったでしょうか）、外遊の帰りにダマスカスのエリセーエフの研究所にお寄りになって、慶應にも井筒というのがいる、いずれ来るかもしれないからよろしくお願いすると言ってくださったそうです。その話を井筒が聞いていたものですから、ベイルート滞在中にニキータ・エリセーエフの研究所を訪ねたのだと思います。そのようないきさつもあり、井筒はやはりマギル大学イスラム研究所をダマスカスにと考えていたようです。ところがムハッキク教授が絶対にイランへ、と言うのです。それではテヘランへということになりました。そういうかたちで、マギル大学のイスラム・インスティテュートのブランチ（支所）がテヘランに開設されました。

そこはわりに大きな普通のお屋敷でしたけれど、お庭のある広いところでした。それが井筒の慶應からマギル大学に移籍する最初の条件でしたから、随分早い時期にそれが実現したわけでした。ダマスカスでのスンニー・イスラム研究所ではなく、テヘランでのイラン・イスラム。つまりシーア派イスラム研究の本拠地に来たわけですから、いま考えるとそれがかえって井筒の学問展開には非常によかったのではないかと思っています。イスラム哲学のイブン・シーナー（アヴィセンナ）やイスラム神秘主義哲学のスフラワルディなどの研究のための石版本や写本も豊富で、井筒にとっては素晴らしい宝庫だったと思います。教えるよりは研究の場だったようです。

井筒は、またマギル大学とテヘランで六カ月ずつということになりました。

その研究所は大きな家ですから、台所のついたちゃんとした部屋があるのです。そこへ井筒と私が住むことになっていました。でも、昔の家ですから暖房もよくなくて、部屋がとても寒い。十九世紀風のイランの建物ですから、大正時代の日本の西洋建築のような家で、たまたま真冬だったこともあって、二、三日くらいいたのですが、寒くて震え上がってしまいました。庭もあってきれいなのですが、出てしまいました。近くに三階建てのアパートの二階のフラットを借りました。

その下宿のオーナーが建築家なのですが、日本の建築家と親しくて、だいぶ後の話ですが、日本政府のミッションで数人の建築家がイランへいらしているということで、その方たちを私どもと一緒に招待して、紹介してくださったのです。それが後の今日出海文化長官のイラン王立哲学研究所への援助につながるのですが、私どもはもちろんその時は何も存じませんでした。

その研究所の井筒のためにとってあった部屋は空いたわけです。井筒が、あんなところは嫌だから、自分で部屋を外へ借りたから使わないと言いましたら、それを聞いたランドルトが、「じゃ、自分がそこに入る」と言ったのです。ランドルトには、カスパルというかわいい坊やもいましたし、下の子は女の子でよちよち歩きなのです。だから、井筒は、とんでもない、あんなところに住んだら病気になるからダメだと言ったのですが、ムハッキクとランドルトは、そこがものすごく気に入って、結局、ランドルトがそこへ住むことになりました。

学生も三人、モントリオールのマギル大学からテヘラン・ブランチに来ていました。マギル大学のイスラム・インスティテュートへ留学していた博士コースのレバノン人と、トルコ人と、アメリカ人でした。テヘラン大学の優秀な学生も聴講していたようです。講義は英語でしていました。有名なイスラム学者で、マシュハド大学のサイード・ジャラルディン・アスチアーニ（Sayyid Jalāl al-Dīn Āshtiyānī）がムハッキクの友達で、一カ月に一回くらいマシュハドからテヘランに出ていらっしゃると研究所に来てくださって、井筒とアラビア語でイスラム思想古典などについていろいろと話し合うのですが、井筒もそれを楽しみにしているようです。井筒を高く評価してくださり、井筒の畏友だったと思います。アスチアーニ教授は、井筒の没後記念論文集、*Consciousness and Reality*〔岩波書店、一九九八年〕の編者をしてくださいました。

国際中世哲学会

マギル大学に移ってから間もなく、パリに本拠を置くＩＩＰ正会員になり〔一九七二年〕、国際中世哲学会のメンバーにもなりました。この会には日本の会員も大分いらっしゃったようです。国際中世哲学会はクリバンスキーが会長でした。

ちょうどマギル大学とイランとの間を行き来している七二年ころだったと思いますが、スペインで中世哲学会の第何回目かの学会が開かれまして、慶應からは松本正夫さん、中山（浩二郎）さん、有働（勤吉）さん、牛田徳子さんの四人、ほかからも京大とか、日本には上智大学長だった柳瀬睦男さんとか中世哲学者はカトリック界にたくさんいらっしゃると思いますが、そのときは上智大学の門脇佳吉教授がご出席でした。他にもいろいろいらしたみたいです。松本正夫夫人の清子さんも同行でいらっしゃっていました。会はわりにおもしろかったのですが、クリバンスキーの友達のニーナ・トルベツコイ夫人もご一緒でした。

そこで、後年国連事務局長になられたブトロス・ブトロス＝ガーリ氏の友人で、アヴィセンナ（イブン・シーナー）の専門家のイブラーヒーム・マドクール氏と、カイロ以来十年ぶりぐらいで会ったのです。昔とほとんど変わらずお元気なのに驚かされました。マドリッドとコルドバ、グラナダと確か三カ所で学会があったことを記憶しています。

マドリッドの開会式でしたか、クリバンスキーがラテン語で演説したのをおぼえています。そこで、委員を選出することになったのですが、ちょうどそういう年に当たっていたのでしょうか、ずっと前からあった学会らしいのですが、井筒が出たのはスペインが初めてでした。そこで委員の選出があって、そのときは井筒の知己の方が割合いらっしゃいましたので、日本からの委員として井筒が選ばれてしまったのです。けれども井筒は日本とはあまり関係がなくなっていましたから、みんなに事情を話し、クリバンスキーと相談して、国際中世哲学会委員には慶應義塾大学哲学科教授で日本哲学会会長の松本正夫さんが就任ということになりました。ああいうところで委員になると、皆さん本国へ電報を打つのです。驚きました。

ハワイの哲学者会議

テヘランにマギル大学イスラム研究所の支所が開設されたのは、一九六九年です。同じ六九年にハワイで哲学者会議があって、井筒はテヘランから参加しました。世界各国から二百人ぐらいの哲学者が参加する大きな会でした。確か初めて宇宙飛行士が月面着陸した夏で、その記念もあったのかもしれません。その日時に合わせて、哲学会に参加していた数人の学者のテレビ座談会があって、井筒もその座談会に出席しました。皆アロハシャツを着るということで、アロハシャツを買いにゆきましたが、そのシャツは、どういうわけかいまも簞笥のなかにしまってあります。日本からは西谷啓治さん、今道友信さん、その他随分いらしたのですが、そのお二人と特に親しくしたことが記憶に残っています。西谷啓治さんも井筒自身も、一九五八年でしたか、泉井久之助さんから京都大学言語学科に井筒を迎えたいというお話の出た時以前から、お互いに意識していたと思うのですが、ハワイで初めて会って、二人でかたく握手していたのを覚えています。今道さんは大変美しいドイツ人の奥様と、十歳くらいのご長男とご同伴でハワイに来ていました。

そのときに井筒が、二つあった大きな公開講演のうちの一つを大会場でいたしました。もう一人は、東洋の学者ということだったのでしょうか、本国に移られた中国名門の嗎さんとおっしゃる学者でしたが、後でシンガポールが建国されたときに、何かの要職につかれてシンガポールに移住されたそうです。ハワイ大学の聴衆がたくさんいましたから、聴衆がいっぱいで会場に入れなかったのです。どうやってあんなに集まったのかわかりませんが、みんなその時々でおもしろい冗談を発明するそうです。「中では何を話しているんだ」と言ったら、「ナッシング（無について）だ」（何も話していない）と答えた。大拙のときもそういう冗談があったそうですが、同じ冗談がキャンパスで人気を集めていたようです。とにかくちんぷんかんぷんで、わからないことを話しているという二重の意味で、井筒の講演の題は何でしたか忘れてしまいましたが、禅哲学の関連だったかもしれません。どこかに記録があると思います〔第五回東西哲学者会議に参加し「イスラムに於ける形而上学的思惟の基礎構造（The Basic Structure of Metaphysical Thinking in Islam）」を講演〈「コーラン翻訳後日談」〉〕。

エラノス会議

一九六九年のハワイでの国際哲学者会議の帰りに、スイス・アスコナのエラノスに参りました。井筒は、その前々年（一九六七年）に一人で一度講演のために来ているのですが、私は初めてでした。そして、井筒はその年（一九六九年）の講演者でした。そこの講演者は全部夫人同伴で、それから毎年のように二人で行って、井筒が講演をしています。一九六七年が初めてで、十二回くらいだったでしょうか。

エラノスには写真がたくさんありまして、行くと事務長のリッツェマさんが必ずそれを見せるのです。いつも写真家が来て、パチパチ撮っていました。

後で、河合隼雄さんと上田閑照さんが入っていらっしゃることになるのです。上田閑照さんの推薦者は、ドイツ、マールブルグの宗教哲学者エルンスト・ベンツ（Ernst Benz）で、一年ぐらい京都に滞在したことがおありになるそうです。エラノスで講演すること自体、人選が非常に難しいのです。上田閑照さんから講演したいというお申し出があって、エラノスは、その国の人が一人推薦者に入らないといけないということで、井筒に推薦人になってほしいとドイツのその方から申し込みがありました。クリバンスキー篇の『世界の哲学』の中で、井筒が、上田閑照さんの禅の本のことを数行書いています。それで井筒はお名前を覚えていたので、井筒が推薦して、上田さんにとっては第一回のエラノス講演をし、井筒はそのときは遠慮したわけです。

その次に、井筒は河合隼雄さんを積極的に紹介しようと考えたようです。というのは、スイスの心理学者ユングはそもそもエラノスの創立時代からのメンバーで、ユングのインスティチュートがスイスにありまして、河合隼雄さんはそこで一年か二年研究したことがあるようでした。その前に、河合さんが私どもの鎌倉の家へ一度いらして、お会いしたことがあったので、河合さんを紹介いたしました。日本からは河合さんと上田閑照さんがたしか三、四回ずついらしたと思います。エラノス五十年の歴史も終焉に近づいていたころのことでした。

エラノス・コンフェランスは、スイスの州政府から補助金が出ていたのですけれども、お金はなかったようです。エラノス学会はインターカルチュラル・インターディシプリナリーを目ざしていて、現に会長のポルトマンは世界的に著名な生物学（生命体発生学）者でした。第二次世界戦中は、活動を休止していましたが、五十年以上続き、『エラノス・イヤーブック』も五十巻以上出版されているはずです。湖にそのままおりられるような相互に隣接するカサ・シャンティ、カサ・ガブリエラ、カサ・エラノスの三つの別荘がエラノス・コンフェランスの会場になっていました。講演者はカサ・シャンティかカサ・ガブリエラのどちらかに宿泊し、カサ・エラノスは講演会場になります。

そもそもユング自身には、現に目前にしている風景を以前に見た（デジャ・ヴュ）という変な話がありますが、私はエラノスへ行く前に、モントリオールの仮住居でベランダの藤と湖の夢を見ていたのです。あそこは三軒並んだ古い別荘で、お化けが出るとか、いろいろ不思議なお話があって、初めて部屋の円卓を前にした人は必ず不思議な話を聞かされてふるえ上がってしまいます。やはり変なところなのです。私が湖に面したカサ・シャンティの部屋へ入り、ふと窓を見ましたら、夢に見た藤の枝のたれさがった葉の背後に湖面が輝いていました。本当に驚いてしまい、薄気味悪くなりました。カサ・シャンティのとなりカサ・ガブリエラは地下に舟着場があって、そこからボートを出すと湖を渡ってアスコナの町まで行けるようになっていました。きれいな石があって、記念に拾ってきたものは今も家に飾ってあります。

アスコナにわりに大きな骨董屋さんがあるのですが、骨董屋さんのご主人が料理好きで、毎年、同じ女中さんを六、七人引き連れてやってきまして、お料理を全部取り仕切るのです。イタリアの家庭料理で、もちろんパスタも出ます。イタリアの北部、スイス南部の家庭料理が多いので、皆さん大変喜んでおられました。野菜がいっぱいあるので、私も大好きでした。ワインはティチノの土地のもので、とてもおいしいと評判でした。

湖に面した高台の庭に、丸い御影石の一枚石で作られた大きなテーブルがありまして、八人ぐらいは座れるのです。それが一番正式なテーブルで、十日間くらい滞在しますから、他のテーブルからその自然石の円卓に順番に移っていって、いろいろな人と話ができるようになっているのです。エラノスでは昼食が正餐なのですが、聴衆のなかから来賓として一組、そして三組のエラノス講演者が巨大な石の円卓を囲みます。ユング、ルドルフ・オットー、ミルチア・エリアーデ、ゲルショム・ショーレム、日本からは鈴木大拙などがこの石の巨大な円卓を前にして席についたはずでした。

私どもの頃はまだゲルショム・ショーレム（Gershom Scholem）氏は健在でした。ショーレム氏はドイツ生まれで、建国以前にイスラエルに渡った人で、イスラエル学士院の院長だったと思います。その人がエラノスに来ていたのですが、やはりドイツ的で、親しくなると、ラウンド・テーブルでも「イヅツ」とか、お互いに苗字で呼び捨てにするのです。会話の飛び交う円卓で、向いの席から「イヅツ！」と大声で呼ぶショーレム氏の声が今も耳に残っています。ところが、アメリカでは必ず「トシ」とかファーストネームです。話は別ですが、松本正夫さんは「ヨハネ」という洗礼名らしいのです。戦後、昭和二十年代だと思うのですが、船でアメリカに行ったときに、アメリカ人が彼を「ジョン、ジョン」と呼ぶ。正夫さんがアメリカから帰ってきて、「ジョンなんて犬じゃあるまいし」と言って皆で大笑いしました。そのころは、五月頃夏休みでテヘランから日本へ帰ってきて、八月二十日頃には日本からアラスカ経由でスイスのエラノスへ行きました。エラノスが終わると、そのまままたイランへ行くというコースでした。

ある年の夏は、ＩＩＰの学会がノルウェーの学士院で開催されることになっていました。エラノスは十日間くらいで終わりますがそのまま十日でも二十日でもずっと滞在してよいということで、エラノスのカサ・シャンティにしばらくいました。そのかわり、料理人はいなくなりますから、自炊をする。自分でスイスのいろいろな食材を買ってきて、楽しいのです。チーズなんかすばらしいですから。台所もちゃんとついているので、そこでお料理ができます。

井筒と二人で、果物やいろいろ買い物をして、大きな買物袋をいくつも抱えた帰り道、途中で一休みをします。あの辺はイタリア風で、藤棚の下にテーブルがあって、そこでお茶を飲む。小さな広場になっていて、周りの石柱の立ち並ぶ回廊に沿っていろいろなお店があるのです。その中の一軒がカフェだったりするのですが、そこからボーイさんがお茶を運んできてくれます。そういうのを飲んで、また荷物を持ってタクシーで帰りました。

その後でノルウェーでＩＩＰの例会に参加しました。そのとき、フィヨルドを初めて見ましたが、写真で見て素晴らしくきれいだったので、実際に見ても大して感動しませんでした。

マギル大学テヘラン支所を辞す

その後、マギル大学は辞めて（一九七五年）、テヘランだけにしました。たしかランドルト、ムハッキクは、テヘランとモントリオールと半年ずつの往復をまだ続けていたと思います。テヘランに、サイード・フセイン・ナスル（Seyyed Hossein Nasr）という人がいました。ハーバードで勉強した人で、スミスさんとも以前から知り合いだったようです。ナスルとは実に不思議な縁があったのですが、彼がドクターをとったばかりのころ、モントリオールのマギル大学のイスラム・インスティチュートに来て、イスラムのことについて講演したのです。そのときに若いのにインプレッシブだったので、井筒の記憶に残っていたのです。

そのうち、先述のような事情でマギル大学がテヘランにブランチを建てました。結局、西洋の大学の研究所がイスラム学を専門に研究するわけですから、大変好意的に迎えられました。井筒が日本から来ているというのもよかったので、ムハッキクの発案だったと思いますが、イランで寄附を募ってもっと大きい研究所にしようという案が出ていました。

タリーカという、イスラムの神秘主義の教団がありました。特にイランはシーア派ですから哲学的にはインドの影響があって、民衆の中に絶大な力を持っているようです。イスラム研究所の学生の中にもモッラーがいましたから、タリーカとの交渉が始まりました。

そのフセイン・ナスル氏がハーバードから帰国し、女王（シャーフ・バヌー）の侍従という役職と同時に、テヘラン大学の教授にも任命されたようです。それで、ナスルが女王にお願いして研究所を建てるという構想を立て始めたようでした。それがイラン王立哲学アカデミーです。マギル大学イスラム研究所テヘラン・ブランチがその充実と拡大に取りかかろうとしていたとき、一方ではイラン王立哲学アカデミーの創立が企画されはじめていたのです。

イスラムばかりでなくて、東洋思想全体も視野に入れる。西洋の目から見たらそうですが、西洋もキリスト教という宗教起源で哲学が成立しているわけですが、現に西洋中世哲学では、イブン・シーナー、イブン・ロシッド、ガザーリーがそれぞれアヴィセンナ、アヴェロイス、アルガゼルというラテン名でその主流のなかに登場します。ギリシャ哲学も最初は原典からではなく、アラビア語訳からラテンに移されたことも歴史的な事実として知られています。それで、女王に願い出て、王立哲学アカデミーを開設していただくというのがナスル氏の考えだったようです。ユダヤ教の聖典も旧約聖書としてキリスト教に組み入れられていることなどを考え合わせると、イスラム、ユダヤ、キリストの三つの宗教は「一神教」として学問的な立場からは、もちろん歴史的観点から見ても究極的に密接に関連している。その点でナスル氏と井筒の考え方は、学者として偶然というか当然というか完全に一致していたのだと思います。ＩＩＰ（国際哲学研究院）のクリバンスキー教授をテヘランに招請して、彼から哲学の諸問題について女王にご説明を申し上げることになったようでした。

イスラム研究所というだけでは、井筒にとっても狭いわけです。ですから中東、極東、ギリシャまで含めて、全体の思想を複数の思想系の広がりを相互相関的網目組織として、共時的に、ア・テンポラルに把握してみる。通時的、歴史的ではなく、主要な思想の古典的言語テクスト群を共時的に構造化する。その方法論としては、テクストを（哲学的には）鍵概念群・キーコンセプト群、（言語学的には）鍵語・キーターム群の網目組織・ネットワークとして構想し構造化する。これが、井筒の考えていたことだったと思います。そういうことは日常的に話し合っていましたし、井筒の書類や論文、本は全部手書きで、タイプは私が打ちました。タイプは間違いだらけで、本当の意味では使いものにならなかったのですが、タイプしておくとページ数もわかります。モントリオールでは、本職の方がまたそれを打ち直してくれました。

イラン王立哲学アカデミーは一九七五年春に開設されました。そのころのマギル大学イスラム研究所の所長は、スミスさんの次の代のアダムスという人で、井筒のためにテヘランにカナダのマギル大学イスラム研究所テヘラン・ブランチを創設した人です。そのテヘラン・ブランチを辞してイラン王立哲学アカデミーに移ろうとしているようだということをムハッキク氏から聞きまして、「自分は必ずとめるすべを知っているから、絶対とめてみせる」とムハッキク氏におっしゃったそうです。その後井筒が直接アダムス教授に、改めてマギル大学をやめてイランの王立哲学アカデミーに移りたい旨を申し上げました。井筒をひきとめるためのアダムス氏の秘策とは、どうやら年金も退職金も一切出さないということだったようです。その後井筒がイラン王立哲学アカデミーでのこれからの研究についていろいろ説明したところ、アダムス所長は結局、井筒の考えを了解してくださったようですが、慶應の言語文化研究所でもマギル大学でもわがままを通してしまったことに、井筒自身、研究のためとはいえ、やはり内心忸怩たるものがあったかもしれません。月日が経ってからも、そのときのことはほとんど話すことはありませんでした。

イラン王立哲学アカデミー

イランでは政治・軍事・経済などは王様（シャー）、学問・福祉などは女王（シャーフ・バヌー）というふうになっていたようで、ムハッキク氏がいつも親密に交渉を保っていた宗教省はどういうふうになっていたのか存じませんが、ナセル氏が創立したイラン王立哲学アカデミー（Imperial Iranian Academy of Philosophy）は女王の直轄ということになりました。ナセル氏と、イランの有名なモッラー学者たちと、井筒と、アンリ・コルバンが招かれました。その他、毎年講師をいろいろ招くということでした。井筒の友人でもあったマシュハド大学のアスチアーニ教授は委員の一人に入っていました。その他、私の知る限りでは、東南アジアのイスラム圏からはマレーシアのアル・アッタース、エジプトからマドクール、ヨーロッパからはデュランとファン・エス、カナダ、アメリカからはクリバンスキーとW・C・スミス氏などが委員として参加しています。

財政的には、女王様からの全面支援ということになりました。私どものためには宿舎も用意してあるということでした。毎年イランへ着いた日は、ホテルに泊まることにしていたのですが、ホテルのロビーでナスル氏が待っていました。私も同席しましたが、ナスル氏が小型計算機の数字を見せて、この額でどうかという相談でした。突然のことで、そのイラン・リーアルが一体何ドルになるのかわかりません。そんなことで来たわけではないから、幾らでもいいと井筒が申しました。後でわかったのですが、それはマギル大学のお給料より少なかったのです。

あのころは、リーアルのレートが低いので、テヘランへ来る外国人はボストンバッグに詰めてお金を持ち帰るという、皮肉交じりの笑い話がサロンで流行していました。ドイツ系、アメリカ系の商売関係、政府関係、文化人、いろいろな外国人が来ていたのですが、石油が国有化された直後で、王様に拝謁した学者がおみやげには石油を一ガロンいただきたいとか、そんな笑い話もありました。井筒はそれでもイランの国立大学の教授よりは、よほどの高給で迎えられたわけでした。

私どもは、プールジャヴァーディーさんという学生の持ち家を借りていました。そこはテヘラン大学正門のすぐ近くで、レンガ造りの大変美しい建物だったのですが、ある日、その学生が家へ来て、諸物価が上がってきたから、家賃を少し上げたいと言いました。彼は、王立アカデミーから直接家賃が支払われていると思っていたようです。ところが、私どもは自分で出していたのですが、イランのことですから、高いといってもそんなに高くない。そのときに井筒が、月給をたくさんもらっているわけではないけれども、あなたも大変だから値上げに応じましょうと言って、ちなみに自分の月給は、とその額を申しましたら、その学生が泣いてしまったのです。外国人だから、王立アカデミーから大変なお金が出ていると思っていたのでしょうか、ボロボロ涙を流しまして、それでは要らないと言う。それでもともかく……、とか井筒とその学生が押し問答しているそばで、私もなぜか涙ぐんでしまいましたが、井筒は全く平静だったのを憶えています。

IIPの年次会議をイランで開いたことがあります。それはアルフレッド・エイヤーが、井筒がイランの王立哲学アカデミーに移ったということを聞きまして、ぜひイランでIIPの年次例会を開催しようということになりました。

その前年は、ブルガリアのヴァルナでIIPの会がありました。ブルガリアにはイスラム教徒がたくさんいるようです。今道友信さん、私ども、松本正夫さん夫妻、それにイランからは、後で王女様の一人をお嫁にもらうことになる若い学者が一緒に会に出ていまして、カフェテリアみたいなところでみんなでお茶を飲んでいましたら、そこへエイヤーが入ってきたのです。

そのカフェテリアのようなところで、エイヤーが、「この次はどこにするかね。イランはどうかね」という話がありました。国のことですから、井筒はそういうことに答える権限は一切ありません。横に若いイラン人学者がいたのです。私どもは以前に家に招かれたこともあるのですが、青草を口にくわえた仔羊の丸焼きが大皿に盛られていて驚いたことがありました。その人が横にいまして、「大丈夫です。IIPの例会をテヘランで開催して結構ですよ」と言うのです。エイヤーがすっかり意気投合しまして、「それじゃ、次はテヘランでいいですね」ということになりました。毎年、その次の会のことを、前年の例会で決めることになっていたようでした。クリバンスキーが名誉会長で、エイヤーが会長の頃でした。そういう経緯でＩＩＰがテヘランで開催されることになったのです。

テヘランの会議の後、マシュハド市やイスファハン市などを訪問して、普通非イスラム教徒が入ることを禁じられているモスクの内部を見ることができました。日本からは、松本正夫さんと清子夫人が参加しました。ブルガリア・ヴァルナの会よりは小さな会でした。テヘランのレストランで、庭のぶどう棚の下のテーブルを囲んで、正夫さん清子さん夫妻と、井筒と私の四人でキャビア・ブリニーを食べました。なつかしい思い出です。

前年のヴァルナは大変大きな会でしたが、物がないので、共産圏はこのようなものかとびっくりしました。豪華な夏の避暑ホテルに泊まりましたが、本当に物がありませんでした。安全かみそりの刃を買おうと思ったら、ゾーリンゲンがショーウインドーにはちゃんとあるのですが、会の会期中、お店は一度も開かれませんでした。見本が置いてあるだけで、品物がなかったのでしょう。ソ連崩壊も間近な頃でした。

ヴァルナはギリシャの有名な古典詩人にゆかりのあるところですが、ホテルからは眼下に黒海が見えて、その水平線上から太陽が昇るのです。あんなに壮大華麗な日の出を井筒と一緒に見たことは、私にとって本当に貴重な思い出となりました。

イランのイスラム革命のあと、研究所はもちろん王立でなくなって、東洋哲学研究所というアイデアは残ったかどうか存じませんが、イスラム研究所としては今でも残っているようです。マギル大学のイスラム研究所テヘラン支所は、ムハッキク氏がずっと続けていると思います。

マギル大学イスラム研究所テヘラン支所での井筒の仕事としては、メフディ・ムハッキク氏と共同で、十九世紀のイスラム哲学者サブザワーリーの『形而上学』のテキストの校訂とその英訳、それに井筒が一五〇頁の英文の解説を書いています。王立哲学アカデミーでの井筒の英文著書としては、*Toward a Philosophy of Zen Buddhism* を出版しています〔一九七七年〕。

テヘラン脱出

王立研究所が創立されたときに、ナスル氏が日本から学生と教授を、ということで、古典アラビア語のできる黒田壽郎さんと、東大教授の今道友信氏の紹介で、古典ギリシャ語学に堪能な五十嵐一さんのお二人が、それぞれ教授と研究生ということでテヘランに招かれました。一九七八年の夏休みが過ぎて、その次の九月、いつまで待っていても黒田さんはテヘランに来ないのです。イランの動乱を彼はすでに予知していたようで、ちょうどその頃テレビに出てイラン動乱についてコメントしていたのだそうです。

それで、池田弥三郎さんが、井筒は向こうで大変な思いをしているだろうに——実はしていなかったのですが——、おまえはこんなところでのんきにテレビなんかに出ていていいものかと、とても怒ったそうです。

私どもは知らぬが仏といいますか、何となく気づいていましたけれども、そういうとき、井筒も私ものんきなのです。政治のことを全然考えない。クリバンスキーも気づいていたのかも知れません。いつ日本に帰るのか、と聞かれた記憶があります。イランが危ないことを知っていたようです。ほかの外国人も知っていたのではないでしょうか。テヘラン大学から留学生がどんどん引き揚げていました。

わざわざあそこに研究所までつくったのだからと、井筒は帰る考えは全然なかったのですが、騒動が始まる年の夏休みは、例年通り日本で二カ月ばかり過ごし、その間にエラノスの原稿の仕上げをし、スイスのエラノス・コンフェランスの後、その年はロンドンに一カ月ばかりいて、それからテヘランに行くという旅程でしたが、ロンドン滞在中に新聞でイランの騒動の話を知ったのだったと思います。

それでも平気で、政府もナスルもみんな強気でしたから、大したことになるはずがないと、私どもはテヘランへ帰りました。それは動乱が起きた直後でしたが、私たちの目につくところでは、別に何もなかった。井筒も私も、政治を考えていたら何もできませんから、あまり考えたことはないのです。五十嵐さんがテヘラン駐在の日本の新聞記者の方たちから得た情報でも多分大丈夫ということでしたし、軍隊とかそういうものは相変わらずちゃんとしていました。研究生だった五十嵐さんは、井筒と一緒に、最後の引き揚げのときの騒動に巻き込まれてしまったわけです。

井筒は、君が帰ろうと思ったときに帰ることにしよう。航空券を買うときは、私どもの分もいっしょに買ってきてほしいと、五十嵐さんに頼んでいました。十二月でしたか、最後の特別機が出るらしいという情報を五十嵐さんが持ってきました。私どもはその頃、情報省の真前の家に住んでいました。

突然ムハッキク氏が訪ねて来まして、この近辺は危ないし、飛行機の切符はいつとれるかわからないのだから、荷物を持って自分の家に泊まりに来ないかと言ってくれました。

私たちは、家財などは実はもうどうでもいいと思っていたのですが、例の家賃を値上げしたいと言ってきた前の家の大家さんの学生が訪ねてきて、ともかく荷物は自分の家で何でも預かるからと申し出てくれました。私どもがムハッキク氏の家に移った直後に荷物を運び出して、全部彼の自宅で預かってくれることになりました。井筒は最後まで講義を続けていましたから、五十嵐さんとは定期的に週二回くらいは会っていました。

五十嵐さんはその頃、下町にある学生向けの小さなホテルのようなところにいました。いよいよ切符が手に入り次第、帰ろうということになりましたが、帰国に当たって、少なくとも鞄がもう一つ必要になりました。五十嵐さんが、彼のペンションの近辺に鞄屋さんがあるから買ってきてあげますと言ってくださいました。

その頃、五十嵐さんのペンションの近くでは、小銃を打ち合う音が散発的に聞こえることがあるということでした。その日、五十嵐さんが、「では、鞄は僕が買っておきます」と出ていったのですが、当時のエレベーターは時々とまることがありましたから、私どもは彼に階段で降りたほうがよいと言ったのです。彼は、「いやいや、エレベーターで行きますから」と言って出ていったら、案の定、途中でとまってしまい、五十嵐さんが「おーい」とエレベーターの中からくぐもった声で私たちを呼んでいるのです。どうしたらいいかといろいろ相談しているうちに五分ぐらいたった頃突然動き出して、無事にエレベーターから解放されて帰って行きました。その建物は三階建てでしたが、私ども以外に住人はいませんでした。

当時、井筒は懐中電灯を持って研究所に出かけていました。家から近いので歩いて行くのですが、冬は暗くなりますから。研究所の門を出たところで、有名なモッラーの教授が背後から近づいてきて、間もなくこの国はイスラム国家になるが、またぜひこの研究所で会いましょうと固く握手をしたそうで、井筒は感激した面持ちで話していました。革命も間近く、事態は急を告げていたのです。王様は病気診断のためヨーロッパにお出かけでしたし、ナスル氏も所用で外国に出張していました。車にガソリンを入れておくようにと運転手に申し付けていたようです。産油国のイランでも、そのころすでにガソリンが不足していました。ちなみに井筒は、王立哲学アカデミーの四年間で、たしか *Toward a Philosophy of Zen Buddhism* を書いて王立研究所から出版しています。大変美しく装丁されていて、井筒は気に入っていたようです。『老子』の英訳もこの時期のものだったと思います。

ムハッキク氏の家に移る直前に、五十嵐さんが弾丸飛び交う中を下町から歩いて鞄を届けにきてくれました。

最後の飛行機ですから、テヘランからの日本人乗客も何人かいらしたと思います。いつも品物であふれていた空港の売店には、ほとんど何もありませんでした。でも、井筒はリーアルで小銭を持っていて、貝に稚拙なミニアチャーを手書きしたブローチを十ばかり買いました。私ではなく、井筒が買うのです。おかしな人です。私はやはり動転していて、そんなものは眼にもつかなかったのだと思います。

いよいよ救援機が到着して乗り込みましたら〔一九七九年二月〕、体格のいい立派な日本人の若者が十数人乗っているのが最後に眼に入りましたが、五十嵐さんによると、あれは倶利伽羅紋々（「倶利伽羅」はサンスクリット語で「剣に黒龍の巻きついた不動尊」、「紋々」は「刺青」のこと）のお兄ちゃんで、イランの南のほうで日本が石油の事業をしていて、そこで最後まで頑張っていた熊谷組の建設業の人たちだというのです。最後の救援機がなかなか到着しないので、早く日本に帰りたいと、屈強の若者が泣いていたそうです。シーラーズなどの町では、席が取れるかどうかわからない状況だったようです。

私たちはテヘランですから、その分の席をあけてあったのでしょうか。救援機はテヘランのあと、イラクのバグダッド空港で着陸して、数人のイラン人——たぶん王党派の人だったのでしょう——が手荷物もなく、がらんとした空港に降り立つのが飛行機の窓から見えました。そのあとはギリシャのアテネに向いました。その救援機は、日本政府が依頼したのでしょうか、たしかトルコ航空だったと思いますが。飛行機がアテネ空港に着陸したときは、やっと「ああ、助かった」という思いがいたしました。

日本航空救援機が翌日アテネに到着するということで、アテネのホテルに一泊しました。五十嵐さんが、「天ぷらレストランがありますよ」と言うので、行ってみましたら、「テンプラー・レストラン」と書いてある。騎士団のテンプラー(Templar)なのです。井筒と二人で大笑いしました。

翌日、日航機が来て、日本に向けて飛び立ったとき、イスタンブールの上空あたりで、ホメイニ師がテヘランに帰国する飛行機とすれ違ったのではないかと五十嵐さんが言っていましたが、まさにそういうタイミングだったらしいのです。(五十嵐さんのことでは、不思議にはっきりした記憶があります。テヘランでの会話で、革命のことなどはその気配もない頃でした。何かの関連で、私が「人間はいつかは死ぬものなのだから……」と申しましたら、三十歳の五十嵐さんが「でもその前にうんと長く生きなければならない」と皮肉を込めて反論したことを覚えています。)

テヘランを出てくるときは、二十キロの手荷物まではよかったので、荷物は積み込みました。そのほかにも別に持っていましたが、その時期はわりに寛大で、日本人が持っていった荷物はとにかく載せてくれました。本はその前に一度、大使館の人を通じて、エジプトからすごい荷物を送ったのです。イランでは、買った都度、何かに頼んで日本に送っていたと思います。ですから、テヘランを出るときの荷物に本はありませんでした。きっと後で送る荷物にも入っていたでしょう。

引き揚げのときに荷物を預かってくださったナスロッラー・プールジャヴァーディーさんとは、

一、二年後、井筒がロンドンに行ったときに、ちょっと会うことになるのです。そのとき彼は、井筒がロンドンに一カ月ぐらい滞在しているというのを伝え聞いて、テヘランから出てきてくれました。プールジャヴァーディー氏は、私どものために自宅に預かってくださった大量の荷物を——荷造りがさぞ大変だったと思いますが——全部無事日本に送り届けてくださいました。

帰国後の仕事

日本に帰ってからも、テヘラン大学のムハッキク教授とはいろいろな交渉がありました。ムハッキク氏はお父上が有名なモッラーで、いよいよイスラム国になったのでむしろ喜んでいたようです。シャーのときはアウカーフ（宗教省）というところがありまして、学問のためならいくらでもお金を出すというところでした。今度はおまけにイスラム国になりまして、また、彼はお父さんの友達とかご自分の友達に著名なモッラーがたくさんいましたから、車で送り迎えするから、井筒にぜひテヘランに帰ってくるように、みんなも待っているということでした。

でも、井筒は自分にとって、人生には区切りがある、節目というものがあって、その節目ではもう引き返さないという考えがあったようです。今度は日本で、満を持していた日本語の本を書きたいと考えていたところへ、ちょうど岩波雄二郎さんが、帰国数日後、夕食に招いてくださったのです。そのとき出かけていったのが、その後の岩波書店とのおつき合いの始まりです。岩波雄二郎さんがそのとき、すっぽん料理にご招待してくださって、すっぽんの鮮やかな緑色の背肉がスープに浮かんでいたのを今もはっきりと憶えております。

岩波書店とは、岩波文庫『コーラン』初版――たしか一九五七、八年頃とおもいますが――それ以来のご縁でした。井筒は、日航機に乗ったときには、これからは今まで考えていた仕事を日本でするという覚悟が決まっていたとどこかに書いていましたが、結局はそのためではないでしょうか、帰国後、慶應の門を一切くぐらなかったのです。慶應で一年に一度開かれる有名な講演会、ウェーランド講演記念日の講演者として招かれたのですが、大変名誉なことなのにお断わりいたしました。変なこだわりがあったようで、慶應には行きませんでした。ですから、松本信廣先生にも西脇先生にも、結局お会いしなかったのです。松本正夫さんの田園調布の御宅には、清子夫人と正夫さんと三人で、若い頃一緒にスケートをしたりしていた頃から伺っていて、帰国後もしょっちゅう招待されて、正夫さんからいろいろな慶應の情報を得ていました。

帰って来てすぐのころ、京都にとても行きたくなりまして、一カ月ぐらいホテルを予約しまして、ちょうど年末から年始にかけて滞在していましたら、井筒が職探しに京都へやってきていると京都の学者の間で小さな噂になったそうです。でも、井筒は、今後は絶対に著述専一と心に決めていたのでしょう。日本に帰って来て私がとても嬉しかったことは二つあります――井筒にとってももちろんそうだったと思いますが――井筒が書きたいと思っていた日本語による仕事のほとんどを岩波書店から出版できたこと、そして一九八二年日本学士院会員に推挙されて、四十年来の若い頃からの学問仲間（高津春繁さん、服部四郎さん、山本達郎さん、関根正雄さんなど）と学士院で再会できたことです。私は今でもそのことを考えると、帰国した甲斐があったと井筒のためにも嬉しくなるくらいです――ちなみに日本学士院の前身「東京学士会院」の初代会長は福澤諭吉であったことを、私はあとで知ることになりました。井筒にとってたぶん他にも書きたかった著書、研究し残した著作もたくさんあったと思いますが。

帰国後の井筒と私

井筒は、テヘランからの救援機上で、帰ってからは日本語で仕事をしようと思った、とどこかに〔「道程」一九八〇年〕書いています。帰国が一つのきっかけになって、これから日本語で書こうという強い意気込みがあったと思います。

食卓では井筒も私も、いろいろなことを話し合っていました。それで、お互いにお互いのことはたぶんわかりあっていたと思いますが、井筒は本当には私のことはわからなかったし、私も、井筒が亡くなってから何となく井筒がわかってきたというところがありまして、二人とも無我夢中で四十年を駆け抜けた気がします。

外国行きの前、軽井沢で遊んでいたころは絵を描いたりして、ゆっくりしていました。西洋中世史と中世思想の神山四郎さんと一緒に川へ行って、野生の岩魚を見つけまして、三人で川へ入り、水が冷たくて、足が凍えそうになるまで追いかけたのですが、岩魚は岩陰へ入ってしまって、とうとう捕れませんでした。そのころは、まだこれからと思っていましたから、それほどお互いに理解しようというような気持ちもありませんでした。結局人間にとっては心理的・言語的な意味次元での正確でアクティヴな相互理解はありえないのではないでしょうか。そのうちに、外国と日本を往来する嵐のような生活が始まって、その間ももちろん、表面的なことは必要があって、それに無駄話も含めていろいろ話合いましたが。

井筒の晩年のことですが、中央公論社の平林孝さんが、「先生、こんな奥様とご一緒でおもしろいでしょうね」とおっしゃったのを覚えています。おしゃべりは確かにたくさんしたのですが、本当のおしゃべりはあまりしていなくて、今となっては私も後悔しています。結局、井筒が亡くなってから、私は井筒を何となく理解し始めたのです。

のんきな性質で、その場その場で行動し、あまり反省しない。頭の中にはいろいろとありましたが、二人とも物事は別々に考えるわけですから、今になって考えると、平林さんの言葉がよく当たっていると思います。私のほうは、表だけでワアワアやっていた。井筒は本を一生懸命書いているという感じでした。

結局、読書をし、ノートを取り、考え、書き続けていましたから、事実上好むと好まないとにかかわらず、しみじみ人生を考えるとか、そういう時間はほとんどなかったのではないかと思います。私もそうでした。考えてみると、井筒はわりに無口で、私ばかりおしゃべりしていました。井筒はもちろんそれで充実していて満足だったのだと思いますが。

やはり外国に行く前ののんきな頃のことですが、洋画家で新制作派の風間完さんのアトリエに通って油絵を習っていました。週一回、中野に二人で通いましたが、若かりし頃の文化人類学の中根千枝さんと、独文学者で詩人の手塚富雄東大教授の助手でいらっしゃった白鳥郁郎さんがご一緒でした（白鳥さんはその数年後、三十代の若さで亡くなられました）。井筒は風間完さんに、「あなたは明治時代ならたぶん有名な画家になっていたでしょう」と妙なかたちでほめられました。井筒はその頃、東京芸術大学の日本画専門の田中青坪教授の御宅に伺って、日本画のてほどきも受けていました。子どもの頃から書を習っていましたから、割に日本画の上達は早かったようです。今もそのとき描いた「うなぎ」の一筆書きが青坪先生のお手本とともに宅に残っています。

今こうしていろいろ考えてみますと、これらのことはみな——その当時の時点ですでに——現実・事実というよりは、事実の印象、せいぜい事実の残像に過ぎなかったのではないかという思いを実感いたします。〝永遠の今 Eternal Now〟の残像の実感だと素晴らしいのですが。

岩波書店との結びつき

テヘランから帰ってきたときは、私の妹たちが一緒に住んでおりましたので、生活の不自由は何もありませんでした。井筒は日本語で書くということでとても張り切っていました。仕事の発表出版機関については一切悩むことがなかったのは、井筒にとって何よりのことでした。その前に『コーラン』を出しておりましたから、帰国後すぐ岩波雄二郎さんが、すっぽん料理にご招待くださったことは前にもふれたとおりです。大変あたたかいおもてなしで嬉しかったのですが、私はすっぽんが気持ち悪くて、あまりいただけなかったことも憶えています。

その後、岩波書店が応援協力してくださったことが一番有り難いことでした。井筒はわりに読者をいつも意識している人でしたから、その点、そんなに難しい文章を書きませんし、最高の仕事場所を得たようでした。

『意識と本質』(一九八三年)、『コーランを読む』(一九八三年)、『意味の深みへ』(一九八五年)、『イスラーム文化』(一九八一年)、『イスラーム思想史』(一九七五年) など、岩波書店から続けて本を出しました。

『ロシア的人間』(一九五三年) は、外国へ出かける前、三十代に書きました。これは元来大学で講義していたものを慶應の通信教育「露西亜文学」(一九五一年) の教科書用に書き改めたものでした。自分でかなりおもしろがって書いたのではないかと思います。井筒はロシア語が非常に得意だったので、ドストエフスキー、プーシキン、ゴーゴリ、ベリンスキー、レールモントフなどが好きで、若いころから全部原語で読んでいたようですから、一気呵成に書き上げた本でした。

『ロシア的人間』は不思議な本で、出版社が転々としました。最初にたしか弘文堂で出版されて、次に北洋社、次に中央公論社 (中公文庫) でというぐあいです。いつもあまり売れないのです。でも、またどこかの出版社が出してくださる。けれども、またポシャってしまうという変な本でした。中公で出した版で袴田茂樹さんが、大変よい解説を書いてくださっていますが、それは、ロシアへ行ってもこんな人間はいない「ロシア的人間」ではなくて、「ロシア文学的人間」とするべきであったというもので、私も本当にそうだと思います。袴田さんは、たしかロシアへ留学なさったのですが、井筒の書いているような人間は、今のロシアには現実にいないということでした。井筒が書いているのは、十九世紀、帝政ロシアの貴族社会の素晴らしい作家たちのことですが、その中でロシア人の、というよりは人間のいくつかの典型を取り出して書き分けているところが面白い、と私は思っていますが。

岩波書店の担当編集者は合庭惇さんで、井筒が名前を聞いて、「君、これは江戸時代の浪人みたいな名前だね」と言いました。そういう印象があったのかもしれません。もう一人の編集者は木村秀彦さんという方で、木村さんはもと鎌倉に住んでいらして、自分はここはなれているから、井筒さんの係にふさわしいのではないかと言っていらしたのです。「合庭は、ここへ来るのに大船あたりでもうくたくたになるからな」などと、二人で冗談を言っておられました。初めは二人でいらしていたのですが、結局、合庭さんが井筒の担当ということになりました。木村さんもたしか岩波新書『イスラーム哲学の原像』（一九八〇年）の編集を担当してくださいました。

合庭さんもいろいろと井筒に肩入れしてくださいました。一九八一年の経団連の国際文化交流財団『石坂記念講演シリーズ』第四回目の講演者として井筒が招ばれましたが——経団連はいろいろな人を国際的に招んでいたのですが、日本人では井筒が最初でした——、その講演『イスラーム文化』は最初に経団連で出版され、後に合庭さんがその版権を獲得して、岩波書店で出したのです。

イランから帰ってきて、七九年十月に『イスラーム生誕』が人文書院から出版されました。西洋のアラビア学と、東洋からとらえるアラビアはずいぶん違ってくると思うのですが、イスラムとかそういうものは、日本には学問的には元来西洋を通じて入っています。井筒も、事実そういう本は全部読んでいますが、やはり日本などからとらえる視点はちょっと別のものがあると考えていました。

ギリシャについても、ギリシャのアレキサンダーは、西洋ではなく、東洋に来ているわけですし、ギリシャとローマは非常に近くギリシャのイメージとしてはそういう見方もありますが、井筒は、東洋からギリシャに別の側面を見ていたような気がするのです。井筒の『神秘哲学』〔光の書房、一九四九年。人文書院、一九七八年〕という著書では、ギリシャの自然神秘主義というか、デルフォイの一種のミスティズムにもふれています。井筒はもちろん西洋のギリシャ思想に関する本は全部読んでいましたし、ギリシャ語も原語で読んでいました。ギリシャの詩などにずいぶん興味があったと思いますから、西洋人とはかなり違ったギリシャ像を持っていたと思います。

一方、西洋中世スコラ学も元来ギリシャ哲学のアラビア語訳から出発しているわけですから、ガザーリー、イブン・シーナー、イブン・ロシドなど、イスラムとギリシャと西洋中世は、私どもの想像以上に密接な関係にあったのではないでしょうか。文学や哲学だけでなく、日常の生活次元でも、歴史的・地理的に、ギリシャは古くから想像以上にアラブ世界に近かったようです。ちなみに私どもがレバノンにいましたとき、アパートの管理人がギリシャ人でした。

言語分節論

二十代以来、井筒の学問仲間というか言語学サークルには、服部四郎さん、高津春繁さん、山本達郎さん、辻直四郎先生などがいらっしゃいました。辻先生は大先輩でいらしたのですが、その他の皆さんは東大の助手くらいの時期でいらしたと思います。みんなが考えていたその時代の言語学は基本的には、いわゆるフィロロジーだったのです。ですから、言語をとおして、その背景にある文献文化を把握するというのが、あのころの言語学の表面的な流れだったのだと思います。今はみな亡くなられてしまいましたが、慶應の松本信廣先生、西脇順三郎先生なども日本言語学会創立時のメンバーで、井筒は西脇先生の助手でした。

井筒が言語にたくさん時間をかけたのは、まずそのころの流れがあり、言語そのものに興味があったのももちろんですが、一つの言語には一つの文化があるということ、地理的風土的条件よりも、むしろ言語こそが人間文化の、そして人間意識の構成要素に他ならないのではないかということではないでしょうか。それでいろいろな言語を一生懸命追いかけたのだと思います。

最初は、言語学的にできるだけ広く——三十カ国語ぐらいだったようですが——結局、歴史上に古典的文献の存在する言語だけに興味を持ったようです。文献のない言語もありますから。井筒は著書の中でも書いておりますように、言語分節の問題に関心がありました。言語でとらえる。それは同時に存在分節である。言語意味分節の網目組織で濾過されて、初めて、存在分節の一単位となる。禅的に考えれば、それは空《くう》の分節であり、また空海の真言的存在分節でもある。つまり言語分節は存在分節であるということに他ならない——哲学的に実在論の人とか、言語学的にはシンタックス論のチョムスキー派の人たちは反対だと思うのですが。この型の存在把握の構造構成は、東洋の諸哲学の中でさまざまなかたちで生きているというのが井筒の観点というか、彼のスタンド・ポイントであったように思います。白紙の中に無数の線を網目状に引くと、その網目の一つ一つが分節の一単位になる。日本では、丸を書いてその中に一点を打って、それで空《くう》をあらわす絵がありますが、つまり、丸の中のその一点は万象現出の始発点で、その空間はどんなに小さくても無限に分節・分別可能である。言葉の数はどんどん多くなるかもしれない、でもそれは空《くう》の中に全部入り切れるものであって、空《くう》が質量的に膨張するわけではない。そういう構造が根本にあって、それは禅とか、インドの空観《くうかん》とかインド古代のバルトリハリ〔Bhartṛhari, 五世紀後半の文法学者、哲学者〕の言語論、空海の真言密教、プラトンのイデア論、イスラム、ユダヤなどさまざまな哲学的宗教的構造構成の中にもこの種の東洋的言語形而上学の展開のタイプを見ていたようですが。「空《くう》」の展開として、意識主体・認識主体と——そして、その対象としての——森羅万象が生起する。「万象の一挙開顕」など。井筒の言語分節理論の背景になっている構造のひとつだと思っています。

井筒は生涯の中で、それを現実的にどういうかたちで学問として形成していこうかということを考えていたようでした。「空・無」＝「無分節の全一性・充溢性」――空・無の自発自展的現象展開としての――意識認識主体の生起。そしてそれはまた同時に、言語意味分節単位群地平と知覚感覚的存在単位群地平の同時生起・同時展開でもあり、この場合、言語意味分節単位の一つひとつが知覚感覚的存在単位群の創造的鋳型として機能する。

すべての意味分節単位の、すべての存在分節単位の、そしてすべての意味・存在分節地平の重々無蓋の相互相関的関係の動的網目組織がすなわち、世界現出に他ならない、というのが――図式的になってしまいましたが――井筒の志向する東洋哲学的な存在論的言語哲学の方法論の、少なくとも一つの側面ではないかと私は考えています。

一九五〇年代以降日本でも、西洋の認知科学としてさまざまな可能性を示唆するかと思われた「図柄と素地」のゲシュタルト心理学も期待されたほどの哲学的展開は芽生えなかったようでした。最近、新田義弘氏と永井晋氏のフッサール現象学に関する重厚な二つの論考が発表されましたが〔「思想」二〇〇四年十二月号、岩波書店〕、輻輳する流れを持つフッサール現象学の側面から井筒の思索にもアプローチしてくださっています。私にとっても非常に啓発的な論文でした。

井筒の研究の方向性

こういう井筒の考えは、高津さんたちと言語学をやっていたときに考えてはいたのですが、言語学としての言語を順番に全部やるということは、とてもできなかったと思います。松本信廣先生は、言語と文化との関係をよく理解していらして、言語文化研究所をおつくりになったのです。ですから、言語分節は存在分節であるという考えは、最初から持っていました。その点では、ほかの人の言語学よりは存在論的言語学という傾向を持っていて、それはなかなか理解されなかったのではないかと思います。

井筒はわりに現実的な人間です。初めてロックフェラー基金で留学したときに、ヴァイスゲルバーなどに会いましたが、自分がそれをちゃんと言えるような段階になるまでは理解されないだろうということは知っていたのです。ですから、本の中でそういう点は表には出さないで、背後には、今、私が見れば *Language and magic* とかいろいろなところに伏線があります。

モントリオールの研究所に行ったときは、キャントウェル・スミスさんが根っからのイスラム学者で、初め、井筒がちょっとそういう講義をしたときに、普通は言語を表面的につかまえますが、そういうことをしないで、イスラムに関しては、もっと宗教学的、形而上的な方向をとってもらいたいというのが、スミスさんの希望でもありました。そういうことを理解する環境ではなかったし、井筒もまだその段階には達していなかったのです。

そこで井筒は一つの転換をしたと言いますが、初めは言語学に行くか、イスラムに行くかという選択で、あのときにモントリオールへ行くことを何となく躊躇したのは、今から考えれば、そういうことだったと思うのです。モントリオールに行ったら、イスラム宗教学とかそういうことになってしまう。ですから、むしろヴァイスゲルバーのいるドイツとか、そういう方向にコンタクトがあるような仕事をしたかったのだと思うのです。

考えてみれば、彼は一種、運命に従順だったといいますか、抵抗しないたちだったのです。私は、そのころはわからなかったものですから、日本で小さくまとまるよりは、外国に出るのはいい機会ではないかと思ってしまいましたが、彼は、そういうことを一切言わないのです。ですから、私自身も今になって考えてみると、私が勧めたことは、私の井筒に対する理解が足りなかったという気がするのです。

マギル大学は結果、テヘランにマギル大学イスラム・インスティチュートの支所（ブランチ）を創設しました（一九六九年）。井筒は慶應を辞めて正教授としてマギル大学に移る交換条件として、どこかに研究所をつくってほしいという条件を出したのです。後で、ダマスカスは戦争のような大変なことになりますから、テヘランでよかったと思うのですが、ムハッキクがたまたまマギル大学に来ていて、その研究所をどうしてもテヘランに持っていきたいと主張しました。井筒は、そういうときは大抵相手の言い分に従う人ですから、それではテヘランにしようということにしました。

ダマスカスはオーソドックスのスンニー派イスラム学で、テヘランはシーア派ですから、井筒はそのためにダマスカスにしたいと思ったのだろうと思いますが、結果的に考えれば、その後の井筒の新しい研究展開を可能にしたシーア派イスラムの言語学・哲学的な参考資料の発見入手など、井筒にとってはかえって幸したと私は思っています。たとえば、シーア派イスラムの『法学基礎論』(ウスール・ル・フィクフ)はコーランの解釈学として現代解釈学の非常に高度な原典として、井筒はそれを自分の言語哲学研究の一翼を担う資料のひとつにしたいと考えていたようです。それらの資料は、慶應義塾大学の井筒文庫に収録されているはずです――井筒文庫には、石版本やリトグラフの資料がかなりあります。また一方ではそれによってイスラム学への新しい学問的アプローチをつくろうと考えていたのだと思います。イスラム学をつくろうと思ったのでしょう。

スイスのランドルトは、井筒をスイスのエラノスに紹介した非常に縁のある人ですが、その人がやはり自分も行きたいということで、井筒とムハッキクとランドルトの三人でテヘラン支所を始めました。そこでしばらくやっていましたが、そのマギル大学のインスティチュートのイメージが、井筒が考えていたのと少し違って来たのです。

ムハッキクとランドルトは、二人とも根っからのイスラミスト、イスラム学者なのです。ランドルトは、バーゼル大学の出身で、イスラム学の大家で、バーゼル大学教授の故フリッツ・マイヤーのお弟子さんで、ランドルトはそのあとパリ大学でアンリ・コルバンの弟子になりました。ですから、生粋の西洋のイスラム学者です。非常に文献学的な人で、徹底的なフィロロジストなのです。

ムハッキクは、有名なモッラーのお子さんですから、また根っからのイスラム学者で、井筒が来たのをとても喜んで、二人で絶対イスラムをやろうということでしたが、そういう潮流といいますか、ムハッキクは非常に高名なモッラーも知っていますから、ムハッキクにとっては非常に理想的なイスラム学の本拠ができたわけです。今でもマギル大学のイスラム・インスティチュートのテヘラン支所はあるはずです。井筒は自分の学問的方向は、はっきり内的に決定していても、あまり無理をしない、もっとも本来的な意味では、天命に応じるといったような考えを生涯もっていたような気がします。

ちょうどそのころ、サイイド・フセイン・ナスルという、王朝が崩壊してからはワシントン大学でイスラム学科科長になった人が、テヘラン大学教授で女王様の侍従をしていました。ナスルはものを非常に広く考える人で、女王にお金を出してもらって、イスラムも、インドも、東南アジアも、全部入れた東洋哲学研究所のようなものをつくろうということになったのです。ナスルは、ふんだんにお金を使って、いろいろなところから人を呼んで、ここでいろいろな講義をしたり、そういう本拠にしよう、と。それはまさに井筒のやりたかったことで、井筒はもちろん一も二もなくついていきました。マギル大学を辞めて、また不義理なことをしてしまう結果になったわけです。

そこで、マギル大学のインスティチュートの十倍もある、木立のあるきれいな研究所を買ったのです。古い館ですが、町の真ん中にあります。それで始めたところが、あの革命が起こりました。井筒はのんきで、政治的なことは雰囲気も何も感じていないで、そこでどんどん広げていくという理想を持っていたのです。

結局、日本へ帰ってきて、自分の著作であらわすしかないと思ったのです。慶應には言語文化研究所をつくっていただきましたし、テヘランのマギル大学のインスティチュートはわりに自由にさせてもらったのですが、全部だめでした。結局、井筒は自分一人でしか何もできないと考えたのだと思います。

帰国後の活動——執筆以外のこと

帰国後、三鷹の中近東文化センターとかいくつかお話はありました。まず、その最初の段階としては、必ず講演に来てくれと一応呼ぶのです。ですから、井筒は嫌で、講演にも一切行きませんでした。信州大学とかお話はいろいろあったのですが、岩波でいくつかやった以外は、講演はしませんでした。

帰ってきて一週間か随分早い時期に、慶應義塾大学の国際シンポジウム「地球社会への展望」が都ホテル東京でありました。それはテヘランへ招待状が来ていたのですが、結局、その一週間ぐらい前にテヘランが大きく変化して、帰ってきてしまったわけです。その国際シンポジウムに参加していた学者の一人、オックスフォード大学のアマティア・センさんは、後でノーベル賞を受賞しました。

そのシンポジウムは、当時の慶應義塾の経済学部教授の鳥居泰彦さんと高橋潤二郎さんが企画実施されておられ、その後でシンポジウムの本が出たのです〔慶應国際シンポジウム実行委員会編『地球社会への展望』日本生産性本部、一九八〇年〕。私もこれを機会に、その本をめくってみましたら、鳥居さんがそのときになさったスピーチがありまして、井筒のことを大変褒めてくださっていて、私、びっくりしました。あの方は東南アジアのどこかの研究をしていらしたことがあるのですが、それに井筒の理論が当てはまるということを、国際学会の中で非常に大きく取り上げてくださいました。

私が井筒の蔵書を寄附するために慶應義塾大学に伺ったときに、鳥居さんとは一面識もないと思ったのですが、高橋さんも鳥居さんも井筒のことを既にご存じだったのです。その国際学会には、たしか松原秀一さんも出席していらしたと思います。

一九八一年十一月二十七日に、モロッコのラバット市で、国際シンポジウム「現代世界における知的・精神的危機」がモロッコ王国学士院主催で開かれました。学士院というのは国際的な組織で、各国に一つずつ学士院があるのですが、モロッコの国立学士院主催で、それに井筒が出まして、私は「モロッコ国際シンポジウム傍観記」〔本書所収〕を書きました。

あとは、ノースカロライナにある人文科学中心の研究所に三カ月間呼ばれました〔一九八三年頃か〕。本当は一年というシニアフェローシップをいただいたのです。国際文化会館の前田陽一さんのご紹介だったのですが、そのことを私どもが知らないときに、ノースカロライナにある大きな研究所から突然電報が参りました。リサーチトライアングルという大学都市の中に大学が三つあって、一番大きいのがデューク大学ですが、森林の中に大きな研究所があるのです。

そこから、突然フェローシップのお金が何万ドルという電報が来まして、二人ともびっくりしました。これはきっと冗談だと思ったのです。うちもお金がなかったときだったので、誰かが冗談でそんな電報をよこしたに違いないと思っていましたら、後で一年間のシニアフェローシップが出たから来ないかという手紙が参りました。

向こうは来るものと思っていたのですが、井筒は考えて、そんなところに一年も行っている時間はない、日本でもっと仕事をやりたいからと、三カ月行きまして、有名な人にいろいろ会いました。ランドルトがちょうどアガハン・インスティチュートのロンドン支所に行っていまして、そこで一カ月、どうしても講義してほしいという話があったので、帰りにそこへ寄って講義をして、日本に帰ってきました。

フィリピンから来たお話も、論文だけ送って、行かなかったのを覚えています。

マギル大学にいる間に、スペインとか、ブルガリアのヴァルナとか、ノルウェーの中世哲学会とか、ハワイ大学に二百人ぐらい学者が集まった哲学会へ行きました。

ちょうど一九六二年に、アメリカの最初の人間宇宙船「フレンドシップ7号」、放送衛星「テルスタ」が打ち上げられて、テレビ局が来て、哲学者が五、六人でそれについて話し合いました。アメリカのテレビでは放送されたようです。ハワイに何百人か集まったのは全部招待で、大変なお金が出たのです。その会議は一カ月続きまして、日本からは今道友信さんと西谷啓治さんなどがいらしていました。西谷さんは西田幾多郎のお弟子で、西谷さんも井筒も後で学士院で会うことになります。お互いに名前は知っていたのですが、そのとき初めてお会いしました。そのときに、井筒が大講演をしましたのは前にも述べましたが。

ロンドンでは、テヘランに王立研究所が建ったときに、ナスルが計画して、お客は本当にいなかったのですが、井筒が階段教室のような大きなところで講演しました。原稿はイランのどこかにあると思います。

一九八二年に日本学士院会員になりました。そのときではありませんが、後で一回、学士院で講演して、みんながおもしろがってくださいました。イスマイル派暗殺団、今でもアガハーンがその子孫ですが、その暗殺団が立てもこもったイランとトルコの国境あたりのアラムート山の話を、「イスマイル派『暗殺団』」という題で講演したのです〔一九八六年五月十二日〕。井筒はおもしろがらせるのが好きなのかもしれません。

それから、たまたま『意識と本質』の中に空海がちょっと出てくるところがあるのですが、まだ本にまとまらないで、「思想」という雑誌で連載していたときに、高野山大学で空海の千何百年かの遠忌があって、名僧をお呼びになりました。その方が井筒さんを呼びなさいということになりまして、直接呼んでくださったのは、後に空海の言語論を英訳してくださることになった元高野山大学学長の高木訷元さんです。

高野山には高木訷元さんの宿坊、自坊がおありになるのです。そこへ泊めていただいたのですが、暖房もなくて大変寒いところでした。朝、必ず勤行があるのです。関係者がたくさん出ました。もちろん私どもも出なければいけないのですが、寒くて、二人でふとんの中にいて、出ませんでした。

そのときに大変な人数のお坊さんが集まって、もちろん密教学会の学者なのですが、広間にいっぱいなのです。講演の後晩餐会があって、皆さん、背広の上から袈裟をかけていらっしゃるのですが、お食事が始まると一斉にとって、三の膳とか四の膳とか大変なごちそうが出ました。井筒も本当に何かのご縁だと思いますが、おもしろい会でした。そのときの講演〔「言語哲学としての真言」一九八四年十月二十六日〕も、岩波のどこかに入っていると思います〔「意味分節理論と空海」『意味の深みへ』一九八五年十二月〕。

もう一つの講演は、天理大学です〔天理国際シンポジウム'86「コスモスとアンティコスモス――東洋哲学の立場から」一九八六年十二月十三日〕。結局、澤井義次さんがハーバードのキャントウェル・スミスさんから、帰ったらぜひ井筒に会いに行けといわれて、いらしたのです。もちろん井筒はお断りしたのですが、それこそ本当に三顧の礼をとってくださって、三度ぐらいいらしたので、それでは伺いましょうということになりました。そうしたら、大変いろいろなお心配りをいただきました。

一緒に〔公開講演に〕呼ばれたのは、スミスさん〔「二十一世紀――世俗的か宗教的か」〕とジョゼフ・ニーダム〔「人間生命の宇宙的環境」生化学者・科学史家〕の三人でした。そのほか、いろいろのセッションに分かれて、随分いろいろな方がいらっしゃいました。公開講演は、大阪の大きなホテル〔都ホテル大阪〕の会場を借りてやりました。宇宙飛行士のシュワイカートさんや研究者たちは、天理

ウィルフレッド・C・スミスと談笑する井筒俊彦。右から、スミス、井筒俊彦、奥に井筒豊子夫人（天理国際シンポジウム'86の会場にて。1986年12月14日）。写真提供：天理大学

市民会館および天理大学の講堂で講演しました。澤井さんが全力をあげて取り仕切ったのだと思います。この講演に招かれた天理のシンポジウムで、同じく澤井さんが呼んだキャントウェル・スミスさん夫妻と私どもは本当に久しぶりに再会したのです。井筒には、生涯の喜びだったのです。私はこのときのスミスさんと交わす井筒の喜びの顔を見て、心を打たれました。こんなにうれしい顔を、井筒は一度も見せたことはありませんでした。心からの破顔一笑でしょうか。スミスさんに出会ってから二十六年、井筒の内に秘められていた何か、まったく見たこともない井筒が自然にあらわれていて、私もうれしくなりました。

附記

このエッセイは、二〇〇四年八月六日、八月二十一日、九月六日の三回にわたって私と若手の編集担当とが鎌倉のご自宅で行ったインタビューの原稿をもとに初稿ができ上った。井筒豊子夫人は其後十年余り手元において推敲してこられた。

実はこの十年余りという期間は、編集者の私共は、「井筒ライブラリー・東洋哲学シリーズ」の刊行をはじめ、井筒俊彦初期著作の復刻版の刊行、初期英文著作の復刊、そして初の日本語著作の『井筒俊彦全集』刊行へと、井筒哲学の全体像をあらためて世に示す出版人としての仕事に忙しく、豊子夫人と毎月のようにお目にかかっていたが、インタビュー速記原稿の手入れという脇道仕事は、後廻しになった。しかしいよいよ井筒先生の没後二十年を期して二〇一三年に全集刊行が開始できて一息ついた頃、この研究生活余話のエッセイの仕上げを眼中に入れていただくようお願いしたところ、私は豊子夫人の言葉に心から驚かされた。

井筒先生が一九九三年一月七日に急逝されてからこの方、夫人は、夫井筒俊彦の殆ど全作品を読み直すことを日課としてこられたという。たとえば井筒先生の最初の英文著作でありローマン・ヤコブソンに注目されロックフェラー財団から招聘されるきっかけとなる *Language and Magic: Studies in the Magical Function of Speech* を何度も読まれ、私たちに井筒研究の最も重要な位置をもつ著作である点を強調された。

そもそもこのインタビューの目的は、井筒先生のおよそ二十年におよぶ海外における研究活動や交流育成の知られざる姿を語っていただくことだった。井筒は研究し私は食事を作っていただけです、と何も語られなかった謙虚な豊子夫人も、或るときから、気持を変えられた。そして、自ら標題を、「井筒俊彦の学問遍路」とし、同行二人半、という副題をつけてまとめ上げられた。学問とそれを支える人生は対立ではないが、井筒の生涯を空海と歩む学問遍路にたとえれば、自分は本来ついて行く身ではないが、終生従って行く決心だった。離れて近く、と述べておられた。

ここで附記しておきたいが、一九九三年井筒俊彦先生の没後、慶應義塾は先生の研究遺産の全体像を、体系的に保存することを決め、一九九八年に井筒文庫をスタートさせ、メディアセンターによって、和、漢、洋、アラビア語、ペルシャ語の全蔵書目録を二〇〇二年、二〇〇三年に完成した。その活動と相俟って、先にふれたように、慶應義塾大学出版会による出版活動がはじめられた。それぞれ井筒俊彦を敬愛する幅広い編集顧問と編集委員の方々のもとに、一歩一歩すすめられてきた。

こうした井筒研究の歩みを推進できたのは、豊子夫人が、当時の鳥居泰彦慶應義塾長、高橋潤二郎常任理事の方針を理解し、委ねられたからである。高橋常任理事は、動態保存するという思想で、井筒先生の研究ができる限りその過程を生きたまま伝わり継承されるように指揮をとられた。

この二十年間、鎌倉郊外の丘の上にある井筒家にしばしば伺ったが、私共はいつも夫人とともに井筒先生が出てこられる趣きを、「日々是好日」という木簡のかかった玄関や、赤い質素な花瓶のある会合のテーブルに感じた。

なお、本文中の編集上の註記は、〔　〕に入れ本文よりも小さな文字で示した。

坂上弘記

カイロの月

地中海東岸のベイルート市で五カ月を過してから、最初カイロに着いたとき、私は、カイロの街が何となく曇っている、暗い、と思った。カイロは空も——ベイルート市や、シリヤ沙漠の中の都市、アレッポ、ダマスカスの、あのカラー写真の空のようによどみなく一様に濃い海色に澄み抜けた空に較べて——春空のようにあたたかく、かすみがかった感じだった。ホテル・ナイルヒルトンの八階のバルコンから見渡すと、遠くに、ギゼーの大小三基のピラミッドがまぼろしのように、うす墨色に浮び上っていた。やはり、と私は思った、カイロは影深い街だと。

中近東には古都市が多い。ダマスカス、バグダード、アレッポ、アンマーン、エルサレム、漠然とした歴史的感慨と、浪漫的な、陰影に富んだこれらの古い名前とはまるで反対に、沙漠の中の街々は、例外なく、どれも、風化した白骨のように渇ききっていた。真白な沙漠の太陽と、激風と、砂が、総てを刻々に、あとくされなくさっぱりと拭い去ってしまうのだろうか、長い文化の陰影も、積み重ねられた人間の生活の腐臭も。ビブロスで見た石器時代の白骨でさえ、巨大な卵の殻のような、薄い半球の土器の中で身をこごめ、歯をむき出し、激烈な真昼の太陽に向って、さばさばと陽気な哄笑をあげているように見えた。

だがたしかに、これ等沙漠的な風土は浪漫的でなくはない。樺色の砂、空、太陽、風、その中で、心ごと身体がとろけてしまいそうな――ひよわい人間の文化精神に対して危険な殺意をさえ蔵しているような、しかも甘く、官能的なまでに直接《じか》で、激しく、荒々しく酔わせるもの。そこでは又有頂天の歓喜や髄に沁む孤独、祈り、余剰のない、全く現実的な人間生活のドラマがあり、そして過去は忽ち風化した白骨になるのだ。勿論浪漫的でなくはない、と私は思う。

カイロは空から見た時、やはり夢のように美しい樺色のその沙漠の只中にあった。飛行機を降り、カイロの街に入ったとき、私はまるで急に日蔭にでも入ったようにほっとし、そして間もなくこの日蔭が何か陰湿なのに気付いた。

街の中心地から二十分も車を走らせると、ギゼーのピラミッドのある、あのリビア沙漠の敷居際に出る筈だし、街の東外れのムカッタムの丘の下はもう同じ沙漠なのだ。沙漠はそれ程近いのだけれど、カイロは私のそれまでに見た沙漠の中の古都とはまるで似ていなかった。カイロには重厚な陰影があり、それを、長く生き続けた歴史と文化の味と云っただけでは私にはどうしても不充分なように思えた。此処では過去の総てが、ナイルデルタの肥土に腐植土のように堆積して空に向って瘴気を発散し、ファラオ時代無数に作られたみいらの湿った臭気が、そして古代エジプト文化のあの超自然的な仄暗い影が、それらにまじって今も地上近くに吹き溜っているかのような——。過去を残酷なまでに消去する沙漠的な風土の中のこの陰湿な影は、毒気のように生々しく、夢魔のように人々の意識下を占拠するような種類のものだった。

カイロの街は又謂わば、取り出された羊の内臓の色彩《いろどり》のように、暗くて、湿った感じで、濃厚で、素晴しく美的で——そうだ、ボードレールの詩のイメージに似ている、と私は思った。このいささか抽象的過ぎる私の第一印象は九カ月経った今も或る意味では変らない。カイロは魅力的な街だ！

カイロは一年中に数回しか雨が降らない。埃っぽくて、夏は暑い。カイロの夏は夜と暁方が良い。午前中は仕事、午後は昼寝の時間、そして夜を、此処では楽しむのだ。暁は祈りの時刻である。私はカイロの夜が四季を通じてこの上なく好きだ。日本の友人達と夜通し遊び呆け、夜明しした真夏のある夜のことを書いてみよう。

ナイル河畔の野外レストラン、カジノ・カスルンニールでナイルの河面を眺めながら、暮れなずむ空の下で早い夕食をした。カイロでは夕方の空が一番明るく澄んで見える。対岸には、ヒルトン、セミラミス、シェファードホテルや長方形の三十階建ての有名なアパルトマンが見えた。ひとつ灯がついたとF氏が云う。二十八階あたりのフラットの一室に星のように灯がともり、二つのホテルの屋上ナイトクラブも灯を入れたのか、ぽっと赤く染まった。見事に美しいのはナイルにかかるいくつもの大橋の灯火だ。渇いて澄みきった夕暮れの大気の中で等間隔に連なり、豪華な宝石の首飾りのよう、それに、ナイルの両岸をふちどって地平線まで点々と続く蒼白い灯。ナイル河畔から眺める無数のネオンの色は、いつも、どれも、何故かすっきりと水のように澄明で、ルビー、サファイヤ、ダイヤモンドのあの冷たく透き通るような輝きを放っていた。

食事を終ってから、ナイル独特の、大きな長三角形の薄汚れた帆をつけた舟で河面に乗り出した。私共は全部で五人だった。若いエジプトロジストのM氏、色白の少女のようなその夫人と、カイロ在留通算して十年の中近東通のF氏、私と私の夫。

二十人位は坐れる舟を私共は広々と五人で占領した。シートは冷たく河風にしめっていた。船頭は舟を出す時たった一つの小さなランタンの灯を消した。どうして消すのかな、とM氏が云った。仲々動き出さないと私は思っていた。M氏夫人の顔が舟のシートと同じ位の白さで薄闇の中に浮び上り、あ、もうあんなに岸から離れちゃったわ、と云った。舟は私の気付かない間にまるでアイススケートのようにするすると走っていた。

船頭が巻いた帆を上げ始めた。河岸から見ても、その長い三角形の帆はヨットのそれよりずっと大きく見えたけれど、真下から見上げる帆柱は想像以上に高々と真直に夜空深くとどき星を刺そうとしているかのように見えた。

帆が張られると舟はもっと快速になった。河岸の冷たいネオンの色は河面にはもう殆どとどかない。満々とした暗いナイルの水が私をとりかこんでいた。

F氏がいつか云ったことがある。

「ナイルは良いですねえ、年々、益々好きになりますねえ」
ナイルがなければカイロは随分感じが違うでしょうと私の夫が云い、私は河のない他の沙漠の古都を思い浮べて見た。河風が良いとか、河岸の景色が良いとか、大きいとか（しかし揚子江程に大きくないではないか！）と同意の言葉を述べながら私は何の変哲もなく流れるナイルの水面を眺めた。何の変哲もない、私は自分の眼を信じながら、それが下した判断には不満だった。ナイル！其処には何かがなければならない。F氏の言葉にはその見えないものを見ているような重みがあった。

今、自分をひたひたと静かに取りまいている夜の、この暗いナイルの水。享受だと私は思った。其処からは何でも享受出来そうな気がする。あらゆるもの、人生のあらゆるものを享受する可能性と活力が私の意識下のほの明るい広い深い世界にまで、ナイルの水と共にいま、ひたひたと沁み通って来るようだと。もしかすると河はどれもそんな風なものなのかも知れない、しかしナイル程それを強く感じさせる河はない。ナイル、私は、ナイルの水を離れたとき、どんなにかそれを愛惜するだろうことがその時以来想像出来るようになった。〝ナイルの水を一度飲んだ者は再びナイルに帰って来る〟

何か甘い匂がして来ませんか、ハシーシの匂ですとF氏が云った。私、風邪をひいてるの、と私は云った。皆笑った。灯を消し、帆をたたんだ舟が次々と思いがけない近くを過ぎた。だが走っているのは私共の舟で、それらの舟は瞳を凝らすと河面の薄闇の中にほの白く静止していた。ハシーシの火を散らさない為に舟を止めているらしい。ハシーシは麻薬の一種でエジプト政府では禁止していた。ハシーシ舟の近くに舟を停めるように私共は船頭に命じた。先方の舟で警戒の気配を見せたけれど、私共が外国人であることがわかると安心して舟を寄せて来た。白いガラビーア（袖口と長い裾口が大きく拡がったアラビア長衣）を着た相当立派な風采の男が私共の舟に乗り移って来た。船頭ではない。顔は暗くて良くは見えなかった。彼は英語で云った。

「今晩は皆さん何か御用がありますか」

彼がぶどう酒らしいグラスを片手に足元をふらつかせているのに私は気が附いた。フランス語を話しますか？　今晩は皆さん何か御用がありますか、と彼は見物のガイドじみた調子づいた早口のフランス語でくり返した。ボーナノッテ、イタリー語を……と彼はサーカスのクラウンのように愛嬌をふりまき続けた。多分ハシーシとぶどう酒で彼の眼は据っていることだろう。私共は一語も発せず押しだまったまま、ひそかに隣りのハシーシ舟の内部の闇を探り見ていた。

頭から全身をすっぽりと黒いアバヤで包んだ中年の太った女と、ワイシャツ姿の男がシートに腰を下し、ハシーシ煙草の火が二つ彼等の顔からずっと離れて見えるのはきせるで喫んでいるのか？水煙草かも知れない。男が一人床に長々と仰向けにのびていた。彼は今、多分、夜空の星か月になったような恍惚境にいるのだろう。船頭の子供が一人船尾でハシーシ用の火を吹き起していた。赤い火の粉が次々と河風に美しく飛び散った。

隣りの舟に行っていた私共の船頭が帰ると、闇の中でうつむき加減に河面の方に顔をそむけてだまりこんでいたF氏が突然、ヤツラー（さあ舟を出せ）とうながした。例のガラビーアの男は割合あっさりと引揚げて行った。あれはほんものだ、相当いかれていたとあとでF氏は云い、床に寝ていた男の人ごらんになった？　とM氏夫人が気味悪そうに云った。

その夜はそれからムカッタムの丘にドライヴした。六千年前、ピラミッドの石を其処から切り出した有名な場所である。F氏所有の一九六〇年型オペルの前方窓に、突然立ちはだかるようにその巨岩の壁が見えた。見上げると、十階建ビルディング位は優にありそうな、角《かど》の鈍くとれた、四角い大岩の、濃淡のあるやわらかいような感じのシルエットが、すぐ手のとどく眼前にあった。此処は要塞地帯で巨岩の上の鉄塔の頂上では、ルビーのような赤い小さな灯が点滅をくりかえしていた。

左右を巨岩にかこまれたつづら折りの坂道を車は上って行った。坂の上に突然オレンジ色の片割れ月が顔を出した。皆が叫び声を立てた程その月は大きく異様だった。それは其処にそうして私共の来るのを待構えていたように見えた。墓石のそばで口を開けている破れたお化け提灯のように。何という色をしていたことか！　空はシャガールの絵のような紫紺色で月の色は——M氏が云った——腐れかけのマンゴーの果肉のようだ。六千年前の石切場、ムカッタムの丘にふさわしく、その月は私には、六千年の物思いと悔いをこめて、亡霊じみて見えた。

ムカッタムの丘からは、冷たく輝くナイルのネオンの色と数々の回教寺院《モスク》のシルエットに飾られたカイロの大夜景が一望に見渡せた。だが何より私を惹きつけたのはこの丘のすぐ真下から拡がる沙漠の闇だった。それはまるで真綿《まわた》のようにやわらかく、ねっとりとしていて、ふわりとその中にとび下りてみたい誘惑にかられた。骨がくだけることなど想像も出来ない位その闇はやわらかく美しく魅惑的だった。

ムカッタムカジノは改装中だったので私共は近くの小さなナイトクラブ、ベッラ・モンテに入った。この土地の良家の人々は大てい、アラビアダンス（腹《ベリイ》ダンスとアメリカ人は云う）は下品だと云うし、政府でもそれに代る何か別種の民族舞踊を考慮中らしいけれど、私はアラビアダンスが何とも云えず好きだ。カイロ大学の或る教授はだがこんな風に云っていた。自分も好きだ、アラビアダンスの美的で装飾的なところと微妙なそのリズムが、アラビア語と唐草模様《アラベスク》の感じにつながっている、この三者は本質的に装飾的《オーナメンタル》でリズミカルなのだと。

ヤスミーナと云うダンサーが出演していた。彼女はヤスミーナの哀話という恋物語で名を知られていた。相思相愛だった恋人が突然姿を消し、ヤスミーナは今も彼が何処かに生きていることを信じて、アラブ諸国の都市々々を踊りながら、恋人を探し求めて経廻っているのだと。彼女はアラビアダンスには少しヴォリュームが足りない位の小柄でこの哀話にふさわしく、清純な感じの人だった。真紅の薄い腰衣裳をつけていた。

或る時は、足は地唄舞のように小さな歩をふむだけで、遠くからは殆ど静止したように見えるまま、腰だけが小さく、小さく、さざ波のようにふるえ続けるかと思うと、それは徐々にうねりながら高まり、激しい狂気の情熱的な全身の動きに変る。波動のようなくりかえし。小太鼓と琴と笛が、嵐のように、微風のように、滝のように、彼女の肉体をあやつる。

そして今ヤスミーナは陽気な浮気な狂女のように、手拍子を取る客のテーブルの間を、軽々と舞いながらたわむれ踊っていた。私は近づいた彼女の背を見た。白いきゃしゃな背を、汗がしたたり流れていた。

アラビアダンスは何よりも人間的だ。悲哀も喜びも情熱も、総ては肉体そのものの限界の中でだけ表現される。私はアラビアダンスを見るといつも我を忘れるのだ。言葉を超えて、言葉なく語られるもの、未だ意味にも分化しないものまで含めて、しかもその総ては私共人間が確実に所有しているものに違いないのだ。

ナイトクラブを出るともう二時だった。シタデルのシルエットを眺めながらムカッタムの丘を下り、十四世紀の回教古寺院、スルタンハサンモスクとムハンマドアリモスクの間の道を、アタバ広場に出るコースをとった。この二つのモスクはカイロでも最も大きくて立派である。黒々と重圧のある両モスクのシルエットに取りはさまれて、さすが広いカイロの夜空も此処だけは帯のように細長く見え、私共の車はその下闇の中を、かぶと虫程にちぢまって通り過ぎた。

寺院《モスク》を過ぎると、道の両側に古く脂染みたアーケードの柱が立並び、その下が歩道になっていて種々様々な小さな店がこの深夜にまだ開いていた。皮細工屋では靴やサンダルやスリッパがなわでじゅずつなぎにされて天井から所せましとぶら下っているし、肉屋の店頭には皮をはがれた羊の丸肉が頭ごといくつもさかさ吊りになり、黄色い裸電球がそれを照らし出していた。ささやかな空地や、路傍の所々に屋台店の灯がともり、人だかりがしていて、ガラビーア（アラビア長衣）を着た老若の男達の深夜の社交場のようだった。羊肉団子《キフタ》の屋台が香ばしい煙を出し、小さな縦長の炉の中で、羊の薄焼肉《キャバーブ》を焼く炭火が青く赤く美しい炎を出して燃え、又他の屋台では豆コロッケ《タウミーヤ》や蜜入り揚げ餅《ハーラーワ》が油の大鍋の中で音立てているらしい。

羊肉団子《キフタ》を薄焼パンにくるんだ、巻きせんべいみたいなサンドウィッチを買った男の子が何か叫びながら元気にかけ出して行く。小さな跣が、もつれるようにガラビーアの裾をけちらしていた。

横町に、泥煉瓦で作ったような一、二階の住居の群れが見える。それらの建物は、其処に住む人々自身のように無頓着に薄汚れて、赤裸々で、いささかだらしなく、しかし強靭で執拗で——建物というよりは殆ど人間的な表情を持っているのだ。多分、今そのどれかの暗い戸口に羊がねそべり、その傍で、黒衣《アバヤ》の婦人がうずくまって子供に乳をやっているだろう。

いつ寝るんだろう、まるで眠らないのかなとM氏が云い、夜更しは楽しいですねえとF氏が云った。私共はF氏の宅でちょっとひとくちお酒を飲むことになった。

F氏はザマーリクというナイルぞいの高級住宅地に住んでいた。高層近代建築のアパルトマンが続くそのあたりはもう全く人気なかった。並木のユーカリの巨木の樹下闇が深く、アスファルト道が月の夜空を映してナイルの河面と見紛うように蒼黒く光っていた。

アラビア刀剣のコレクションを見ながら勘太郎（コアントロ）を飲み、密輸の話や〝ハシーシと香水〟の話や、色んな話をした。

鎧戸がコバルト色の縞目になって明るみ始めた。間もなく、方々のモスクの高塔《ミナレット》から、暁の祈りをすすめる声と共に、コーランの朗誦が朝風に乗って四方に響き始めるだろう頃だった。

（井筒眞穗「新潮」一九六〇年十一月号）

ウェーキ島

サンフランシスコの空港は陽光が明るかった。見送りに来て呉れた友人一家の小さな集団が、華やいだ色彩で、まだ私の眼先にちらついていた。真紅の夏セーターを着た十八歳のキャレンや、水色のワンピースが良く似合っていたブロンドの、小さなジェシカや、軽い絹ドレスを着流したその夫人と、カプラン教授の長身痩軀など。お別れの涙も、カリフォルニヤの青い空と陽光の中では、きらきらと、ただ水晶のように明るかったのだが……。

私の乗り込んだパンアメリカンのそのジェット機が、ウェーキ島に寄港することを知ったとき、私はふと、暗ぼったい影に不意討ちされたように感じた。私の心の中の地図では青い太平洋の真中に、まだ見ぬその島だけが、まるで不吉な小暗い点のように存在していたのだった。それは多分、数年前、Sさんからあの怪談を聞いて以来のことだった。

(日本の飛行機が、それに外国の飛行機でも、その中に日本人が乗っている場合は——とSさんは勿体ぶって云った――ウェーキ島あたりで必ず機体に何か故障が起って、待たされたり、舞いもどったり、不時の寄港をしたりするんだ。きっと英霊が名残りを惜しむんだな、とSさんはその時、少しにやにやしながら話した。）

空から見たウェーキ島は、黄と緑の、蝶の羽のような玉虫色の浅瀬と、レースのような白波に幾重にも縁どられ、珊瑚質の真白な砂地と、地衣類のように小灌木の這っている緑地帯とを、隈なく陽にさらしながら、思いもかけず、痛々しいまでに純粋な美しさで、太平洋の真中に浮んでいた。

飛行機が、海岸線と間近く平行する滑走路に入った途端、黒々と窓をかすめるものがあり、はっとして眼を止めると、坐礁した船の残骸だった。船首を高く空に上げ、傾いて、半身を、まばゆく金銀にさざ波立つ澄んだ珊瑚礁の海の、波打ぎわ近くに沈めていた。

十八年も、其処に、そうやって横たわっていたのだろうか？　自然の中の、黒々としたこの異物は、死んで、半分自然の一部になりながら、まぶしい白砂と、蒼海と空の間に、まるで棘のようにささっていた。「敗残」の二字が、稲妻のように、唐突に、素早く、鋭く、私の眼を胸を射抜いた。私はその時、その船の残骸を、まるで、白紙に書かれた巨大なゴチックの活字を読むように、はっきりと読んだと思う。何と云ったら良いだろう……この、とっくに船としての機能を停止したそれは――黒雲が雨の自然記号として働くよりも、もっとはるかに即物的に、そして鮮烈に――敗残を意味する記号としてのみ、今は、働いているのだ。それとも、そのように働かされているのだろうか？　残骸の船首に星条旗か国連旗を立て、柵を廻らし、大きな説明書きの掲示板か記念塔でも建っていないということに――つまり、戦勝とか、平和祈願とか、歴史的感慨とかの、平凡で無邪気な意志表示のないことにも、却って私は何か反撥を感じたのだと思う。敗残！　アメリカ人でも、その光景を勝利の象徴と感じる人はいないだろう。それは謂わば、〝我勝てり〟と誇らかに書く代りに、勝者が、相手への怨みと呪詛をこめて、〝敗残〟と大書したのに似ている……かのようにも、少くとも私には感じられ始めたのだった。日本人の記念碑好きやお祭り騒ぎの心情も厭だけれど、感傷を抜きにした、この、したたかな、荒々しく暴露的でさえある沈黙は、何か生な野蛮性に通じるものをその内部に感じさせて、もっと厭だった。

海抜平均十二呎、面積二平方マイルの珊瑚礁の孤島には灌木しか生えず、数種の野鳥と野ねずみの他に棲息するものもない。荒れ果てて――海と空と砂地の視野を軍艦鳥が飛んでいた。貧相なターミナルビルの売店の片隅で私は「ウェーキ島物語」と題された週刊誌大の、写真入りの本を見つけて、買った。ウェーキ島を青い大洋の中に俯瞰する天然色の航空写真が本の表紙になっていた。私は不意に、〝きけわだつみのこえ〟の書簡集の、粗末な紙表紙一面に拡がっていた、写真版の海原を、ありありと思い起した。そして、その映画を見て泣いたことを思い出した。外国旅行中、いやもっと前から、もう数年間も思い起すことのなかったそれらのことが沸々と胸に沸き、私を押し包むようだった。配給されたジュースとカリフォルニヤのオレンジを食べながら、私はウェーキ島物語を走り読んだ。

例の船の残骸は、一万トンの商船、スワマルで、乗組員の中二〇人が死亡し三〇人が傷ついたこと。一九四三年に四一〇〇人だった日本軍駐屯部隊の人員の中一二八八人が餓死し、六〇〇人が戦死し、九七四人の傷病兵が送還され、終戦時に残っていたのは一二四二人であったこと。二年間、一日二食ですまし、その間、五四〇〇〇匹の野ねずみと数千の野鳥とその卵を食い尽したこと。戦前は秧鶏《レイル》もいたものだが、餓えた日本兵が食ってしまったため絶滅したこと。不毛の地にトマトや瓜の小菜園を耕し、そして死んだ時は、倒れたその地点で僅か数インチの砂か珊瑚礫で掩われたこと。墓標もなく、所在も確認されないまま、今も、千数百の日本人の死体が島に散在していること。要するに彼等は、彼等の置かれたその職場で、〝生きて、餓えて、そして死んだ〟のだと……。

私は、ウェーキ島を舞台にした日米戦の詳細と共に私の知りたいと思ったことをともかく、その本から知ることが出来た。ウェーキ島の戦前、戦中、戦後を親しく見守って来たという著者の、正確と具体性を期したその文体の行間からは、だが、その為に却って、具体的な事実に密着した生々しい著者の心情が――執拗な怨嗟に裏打ちされた侮蔑と嘲笑の匂いが――生臭い強い体臭のように流れ出して来るかのように、私はそのとき、感じないではいられなかった。アメリカの友人知人の間で、又アメリカ国内の何処にいても、露ほどもその種のものを感じることも、思い起すこともなかっただけに、生々しいウェーキ島の戦跡で初めて偶然に出会したそれらのことが、私にとっては衝撃だった、というに過ぎないのかも知れない。

私はウェーキ島で死んだ日本人の為に胸を一杯にした。百姓や学生や会社員であった人達の、平凡な、激しい望郷の想いと、餓えと死の苦しみのために泣いた。だが、私は、そのときは少くとも、曾て〝きけわだつみのこえ〟の映画を見た時のように、コスモポリタンのようには泣かなかった。

機体のエンジンに油漏れがあり、エンジンシートを取り換える為、予定より更に一時間出発がおくれるとアナウンスがあった。

飛行機が飛び立った。〝英霊が名残りを惜しむ〟透明な、無数の見えない手を振り、無音の声々で呼びかけるもの――を私は蒼空と雲と海の間に想像した。想像せずにはいられないような空の蒼さ、海の明るさだった。徒らな、虚しい祈りにも似た思いが蒼空に拡がり、呼びかける透明なものたちと交感しながら、空を翔けるようだった。

（井筒眞穗「新潮」一九六一年一月号）

モントリオール

パリからジェット機で六時間半で、カナダのモントリオール市に着いたのは一月初旬だった。重い灰色の雲の切れ目から、はるかに見下した東部カナダは、山も樹も家もなく、ただ一面雪に覆われた白い地表の起伏で、所々、——あれは道路だったのだろうか——ひび割れに似た不思議なセピアの細い線が雪原をくぎり、パタン的な美しさはあったけれど、強い孤独感におそわれそうに、無機的な、荒涼とした感じだった。

やがて飛行機が高度を落すと、雪に包まれた小山が見え、なだらかな丘が見え、しかし緑は何処にもなくて、セピア色の冬枯れの樹が、雪の地肌をすかし見せながら密生しているのが見えた。

ニューヨークに住んでいる学生時代の友人が手紙の中で云うには「ごみためのようなニューヨークにいると、しっとりした街の多い（皆そう云います）カナダは想像しただけでワクワクします」

だが私の初めて見たカナダ第一の大都会、モントリオール市は、パリのように数々の古い壮麗な建物で飾られてもいないし、ライン地方の古都市程の、しっとりと端麗な感じもなく、程々に近代的で、平凡に、ただ拡がっているのが物足りなく思えるような都会だった。

空と道が広くて、やたらに風通しが良く、寒風に吹きさらされているような……私は、い、い、い、したという言葉の代りに、がさつな、かわいた、という対語をいたずらっぽく連想した。

だが間もなく、ふいと素晴しく印象的に私の心を捉え始めたのは、むしろこの風、——都会をとりまき、都会に滲透して来ているカナダの大きな自然の、鋭い程に新鮮な、野生の気配だった。

着いて数日後の或る日、裏に毛皮のついた新調のオーヴァーシューズと毛糸の耳かくし帽で身支度して街に出た。セントキャサリンの繁華な商店街を、大きなシールの毛皮帽を被った男の人や、裾長の毛皮外套を着た婦人達や、赤いスキー帽から眼だけ出したまるい頭の女の子などが、例外なく重いオーヴァーシューズを履き、着ぶくれて歩いていた。

風は激しくはないけれど、猛烈に冷たくて、真新しい無数の薄刃でひっそり頰を切りつけるように吹いていた。風の中に、見えない位小さな粉雪が舞っているのに大気はかさかさに乾いていて、風と雪粒の層に濾過された不思議と明るいかわいた午後の太陽が舗道に斜めに射していた。

除雪され、凍てついて黒いアスファルトの舗道に、白々と水蒸気が立迷っているようだと思ったのは、実は、小さな限りない雪の粒々の大群が風にころころ流されて、たゆたっているのだった。見ると粒々のひとつひとつが陽を受けて、都会の舗道で、ひそやかに、劇薬のように鋭く、きらきら光っていた。

モントリオール市の中心に、マウント・ローヤルという小高い山があり、街はこの雪に包まれた美しいまるい小山を囲んでドーナツのような形に拡がっている。頂上に立つと、一面凍結した上に雪が降り積んだ白いセントローレンス河と、その北方の、目路いっぱいの広大な雪原を越え、幾マイルの先に、水平に近くゆるく波打っている白い地平線が見える。

ハドソン湾を中心に北極圏から馬蹄型に延びる有名な古代岩層の大森林地帯、カナディアンシールド（カナダの楯）がその白い地平線あたりからもう拡がり始めているのだ。

そのあたりにはロレンシアンの数々のスキー場があり、小さな湖や、原始林に覆われた丘や小山がある。凍結した湖に車を乗り入れて雪の斜面を眺めるのは楽しい。色とりどりの服を着たスキーヤーが群れていて、橇遊びの子供達が白いスロープを可愛い恰好で辷り降りて来る。両側の原始林は砂糖楓《メイプル》や樺の木がすっかり落葉して根本まで陽を浴びていた。「夏なら反対にあのホテルからこの湖を眺めるのよ」と友人が云った。メイプルの広葉が重なり繁り、揺れる樹洩れ陽のスポットが、暗色の下草を鮮かな黄緑に照らすだろう夏の原始林と、紺碧の湖水を私はそのときありありと想像した。

カナダでは五月にならないと冬は終らないと聞いていたのに、二月半ば頃から急に暖くなり、今年は春が早く来そうな……と話していた頃の或る土曜日のこと、私は毎週、週末を過すことになっているカナダ人の友人の家に遊びに行っていた。その家は市の中心からセントローレンス河をわずかに西にさかのぼった街外れにあり、白樺とメイプルの大木の疎林に囲まれて建っていた。疎林をへだてて、セントローレンス河の一部であるセントルイス湖に面し、対岸にはイロクワインディアンの文化的な部落がある。

夕食までの時間を私は書斎に入りこんで、広い分厚い二重ガラスの窓ごしに、時々前の疎林を眺めていた。戸外の雪景色は灰水色に暮れかかり、林の遠くに赤々と焚火の燃えているのや、隣家に灯がともり、四角い煉瓦の煙突から煙が空になびいて行くのなどが木立ごしに見え、あたりは吸い込まれるような静けさに包まれていた。

広大な雪原のようなセントルイス湖の湖面と、対岸の木立の小さなシルエットが木の間がくれの暮色の中に急に薄れて沈んで行くのと殆ど同時位に、風が潮騒のように重々しく鳴り始めた。

私はその風音に耳を澄ましながら他の色々な風を思い浮べていた。地中海から吹き上げて来て、中空で高々と大気をいっぱいに満たすように鳴響いていたアレキサンドリヤの海風は、風のベルカントのようだし、ラインの森の風は、深い杉木立の下闇を低く低く、音も立てず、まといつくように重く湿って、〝魔王〟の外套のように薄気味悪く吹き渡る。劇場のはねたあとの深夜の四辻で、雨っぽい空模様を気にしながら店仕舞をためらっているみじめな焼栗屋を、まるで縮み上らせる為のように、うそうそ吹いていたパリの街の風など――。そのうち私は、エスキモーの民話集の上に顔を伏せて何ともいえず快い気持でうたた寝してしまった。

どれ程眠ったのか、めざめると風は益々強くなっていた。勇壮に、どしどし足ぶみでもするような重い音を立てて家の壁に、窓に吹きつけて来る。スタンドを点すと、窓あかりの前を、雪の粒が真横に、殆ど直線を引くように、猛烈な早さでかすめ過ぎて行くのに、その背後では無限の雪粒が落下もしないでただ狂ったように宙で舞い、舞い狂うその粉雪で薄闇が吐息を集めたように仄白く飽和していた。

夕食の最中に突然ちりちり、とかすかな風鈴の音を風の中に聞いて、フォークを置いて耳を澄ました。「なあに？」とS夫人がやはり食事の手を休めた。伝染して、皆が話を止めて耳を澄ました。そのときはもう風鈴は誰の耳にも、いとも鮮かに聞え始めていた。私共は顔を見合せた。

首をかしげ、耳をすましたけれど、誰一人、それが何処から、そして何が一体そんな音を立てているのかわからない、一人一人の耳底で鳴るように思えた。僕の耳に聞えるのは——とS氏が云った。——澄んだ高い音だが決して金属的ではなくて、もっとソフトな、もし金属だとすれば二十四金かスターリングシルヴァーだと。その間にも驚いたことに風鈴の数はどんどん殖えて拡がって行くようだ。やがて其処彼処で、ちりちり、ちりちり、騒々しい位に鳴り始めた。私共は食卓を捨てて一度に立上り、誰からともなく窓ぎわにかけ集ってカーテンを引いた。

想像し得る限り豪華なシャンデリヤを想像したとしても、絶対にこれ程美しく豪華ではないだろう。疎林の冬枯れの樹々が一時間見ぬ間にすっかり透明な氷で包まれていた。いつもは見上げるとセピア色に煙って見える位、細かく無数に別れた梢の先端まで、太い立派な幹と共に、枝という枝、梢という梢が、その形なりに、美しく透明な氷の表皮を被り、間近な樹々は室内の明りを反映してまるで内部に灯がともってでもいるように輝き渡り、ずっと遠くの蒼い闇の中では、それらの樹々は夜の光を蒐めて星の色に光っていた。

樹が鳴っている！　氷の表皮を被って硬直した小枝と小枝が風にぶつかり合って、ちりちり、ちりちり、鳴っていた。林じゅうの小枝が鳴っているのだ。

雪が止み、空が晴れ、蒼白い真綿のような雪闇の中で、強風に氷の小枝が揺れ、シャンデリヤが揺れ、木立はいつものざわめきを止めて、今いっせいに、やわらかく澄んだ氷の小鈴を振り始めたのだ。

やがて氷ですっかりもろくなって電線が切れ、大木が倒れ、セントラルヒーティングも駄目になり――、折れたばかりの小枝を疎林に拾いに出て、まだちりちり鳴りそうに思える氷の小枝を煖炉で燃し、焚火と雪あかりで夜食のスイスフォンデュ（ブランデーにチーズを煮とかし、それにパン切れを浸して食べる）の鍋を囲みながら、アラスカからカナディアンシールドを一挙に越えて来る勇壮な北風のうなりと、氷の小枝の可憐に鳴る音を聞いた夜は、〝電線の切断個所三百、二十年来の猛吹雪〟の新聞の活字とはまるで印象がちがって、それは私には、むしろ美しい静かな吹雪の夜だった。

カナダの文化が都市文化か田園文化かということがよく論議されるけれど、ともかくこの自然がその両方を同時に可能にするような要素と性質を持っていて、そして又それを健康に保たせるような方向に働いているのもたしかであるような気がする。しかしこの国、特に東部カナダには今特殊な問題が起っていて相当神経的に意識され論議され出している。フレンチカナディアンの問題である。

近代化以前に本国から切り離され、フランス革命を知らないフランス人、いまだに十八世紀の、しかも田舎のフランス語をしゃべっているとパリジャンを吹き出させるジュオールフレンチ（馬、シュヴァルを彼等はジュオールと云う）を話すフランス系カナダ人。免罪符を発行し、ローヤル山のふもとに、其処で二十世紀に現に奇蹟の行われたことを信じて、一般に下層階級を占めている彼等の貧しい財源から、数十年の歳月をかけ、ルルドのような聖地になることを願って、エスカレーターつきの大伽藍、セントジョゼフ・オラトリイを建て、宗教的にも、中世的カトリック信仰をそのまま保存していると云われているこの人達は、フランス初期植民の行われたこのセントローレンス河流域地方、ケベック、モントリオール市を中心に英国系カナダ人にまじって対抗しながら小さくかたまって住んでいる。英国系カナダ人の他に、英語を話すカナダ人、つまり英語系カナダ人の人口は、第二次大戦後も引続いてヨーロッパ各国から移住して来る人達の為に年々増大して行くけれども、フランス語とフランス的な習慣を唯一の存在理由のように固守するフレンチカナディアンは、その中で、まるで大海の小さな浮島みたいに取残されてしまったのだ。

財産や教養や社会的な地位から見ても一般に大変低い位置に置かれ、英国系、そして英語系カナダ人に完全に圧倒され、習慣や宗教はともかくまだ暫くは保持して行く可能性が残されているにしても、その人達が今当面している脅威はフランス語を奪われ、英語を話さなければならないような事態に追いこまれるのではないかということで、今でも彼等の一部は両国語使《バイリンガル》いだし、又それを余儀なくされている。

フランス系カナダ人が英国系カナダ人の前に屈服した十八世紀の半ば以来、ともかくも彼等がこの地の開拓の先鞭者であった優先権とひきかえのようにして、英国の支配下で言語、宗教の自由をやっと保証され、それ以来二世紀の間、幾度もそれを失う危機を感じながら、戦々兢々として彼等の固守し続けたものが、今、社会的な自然の流れという不可抗的な力と重圧に出会ってとうとう最後的に消滅しかけている。

植民団を組織することを交換条件として、カナダの毛皮企業をフランス王から許可されたフランスの毛皮商人に引率されて、初めてこの土地にやって来たフランス初期植民時代の農民達。結婚のひきでもの附きで、王から送りこまれて来たキングズガールと呼ばれた華やかな花嫁の一団の到着や、其の後のカトリックミッショナリーの辛苦。そしてクールール・ド・ボワ（森をかけめぐる男）と云われ、カナディアンシールドの奥地深く、毛皮を求め、森の狩猟インディアン、ヒューロン族にまじって、顔には樹脂を塗り、毛皮帽を被り、裏皮のレギングスと上衣にハープシールの毛皮のモカジンをはき、派手なサッシュを締めて、殆どインディアン同様の服装と生活をしながら、毛皮のテリトリーを開拓して行った冒険好きのフランス人。春になるとセントローレンス河は、毛皮を満載し大声で陽気に唄い騒ぎながら、鮮かに彩色した樺皮のカヌー（バーチバーク・カヌー）をあやつって河を下って来るこの〝森をかけめぐる男達〟で賑わった。モントリオールはその毛皮ビジネスの大センターでもあったのだ。こうした開拓の歴史はフランス系カナダ人達にとってまだ生々しい記憶だし、現代のフランスに何の郷愁もつながりも持っていないにしても、又それだからこそ、彼等の祖父や曾祖父のイメージと、それらの人達が保持し固守してきたもの、言語や宗教や生活の慣習が彼等フランス系カナダ人にとっては今、総てである筈だ。

フランス系カナダ人とは反対に、英国系カナダ人はあらゆる意味で悠々としていられる。カナダは殆ど独立国の様相を呈してはいるけれど実際には今、英国のドミニオンであることから云っても、彼等はフランス系カナダ人がフランス本国に対するよりははるかに、心理的にも、文化伝統的にも英国をその背景に頼むことが出来るのだし、言語的にはアメリカが後に控えているし、しかもカナダの英語人口は年々増大するばかり、フランス系カナダ人に対する限り総ての点で優勢で安泰である。危機感を抱き、根柢から自分の存在をおびやかされてでもいるように神経質になっている相手のことを時々サロンの話題にする程度である。しかし奇妙なことにフレンチカナディアンとの問題が彼等に別の問題を提供するきっかけになった。これに関する限り彼等もそれ程安泰ではない。カナダ人、それもフランス系カナダ人ではなく、英語系カナダ人はあらゆる問題に対する彼等のその心理的リアクションの仕方から云って完全に、アメリカと共通の北アメリカ文化圏に属していると見られている。そのことが彼等を落着かない気持にさせ始めたのである。さてではカナダ人の国民意識の根拠を何処にどう置いたものだろう、彼等はフランス人であっても、英国人であってもアメリカ人であってもいけない、カナダ人でなければならないのだ。

北アメリカ文化圏に彼等を同化させる様々の積極的な要素をカナダ人が持っていることは事実だし、それにユーコン、アラスカそして北極圏につながるカナダの強力な自然的風土はアメリカ的超近代主義と、強烈に人工的な超近代未来都市の建設を可能にし、又それを要求してもいるようだ。

しかしこれとは全く反対に、あの英国の経験主義で裏附けられた保守性と、平穏な市民生活の象徴みたいな、多分ビート族の若者達には（モントリオール市にもビート族は棲息している）我慢のならないような、炉辺の揺り椅子を他の何処でよりも、最も自然に通用させるような雰囲気が此処にはある。

事実、揺り椅子も此の地の炉辺に置いてみると、あの、よどんだ長い生活の堆積と伝統のぬきさしならない連鎖の上に身動きのしようもなく置かれたような隠居くさい感じは少しもしない。それは多分、開拓時代の真新しく新鮮な土の匂でそれが蘇生した為なのだろうか？　吹雪と、炉辺の揺り椅子のあるこの北アメリカ文化圏は私には素晴しく面白い。

（井筒眞穂「新潮」一九六一年十月号）

乳と蜜の流れる国

テヘランを発って二時間あまり後だったろうか、イラン・トルコ国境あたりの重畳たる山地帯を過ぎ、飛行機は地中海上に出た。キプロス上空を南下して、下降しながら、やがてイスラエルに近づいた。なだらかなパレスティナの海岸線が大きく眼下に拡がって来るのを見たとき、私はやはり胸がいっぱいになるような感動を覚えた。

話はちがうけれど、ずっと昔、深尾須磨子さんにただ一度お会いしたことがあり、その時のおぼろげな記憶の中で、ひとつだけ、今も忘れないでいることがある。「……船が多島海に入ったとき、あまりの美しさに涙が出た……」とおっしゃったことだった。

ギリシャや、更にそれ以前にさかのぼる数々の古代文明の追憶に満ちた深尾さんの蒼い多島海と共に、私にとっては、この地中海東端の沿岸地帯、パレスティナの美しさが、幾度見ても、見る度に新しく心を打って来る。

空間的に強調された、くっきりと純粋に造形的な自然、そして、その空間をそのまま、無空間、無時間の形而上的世界につながらせるような、何か無形の、圧倒的に濃密な雰囲気のようなもの——その両者の劇的な結合がパレスティナにはある。

この土地に固く結びつけられたユダヤ人四千年の宗教と歴史と文化。そのうち二千年の放浪中の文化（スペインに於ける中世ユダヤ哲学等）すら、この地理的空間を抜きにしては存在しなかったのだ。此処では、自然は最早とっくの昔に、単なる地理的自然であることを止めた。マルティン・ブーバーの言葉を借りれば、〝我と汝〟の〝汝〟であり、呼びかけの相手であり、二人称的存在と化しているかのようだ。ユダヤ人でもユダヤ教徒でもなく回教徒、キリスト教徒でもない私のような日本人をすら、その中に巻き込まずにはいないような、何か殆ど人間的な、強力な磁力を帯びた視線ででもあるかのように、パレスティナの自然は、それを凝視する者を凝視し返して来る。

（アル・ホーモタイヒ・イェルーシャーライム・ヒフカッティー・ショームリーム）（イザヤ書六二・六）

〝汝《な》が城壁の上に、おお、エルサレムよ、我は見張りの者共を置きたり〟

「乳と蜜の流れる国、カナン」の大気を充たし、それを殊更濃密にしているのは、熟れた果実の芳醇な香りと共に漂い流れる過去の文化の追憶と、その不思議な、生きた凝視の気配である。人間の歴史という時間的世界と、超越者の示現という永遠（の現在）の世界が交叉する、それはそのひそやかな気配でもある。

「イスラエル人の人間的雰囲気《ヒューマン・アトモスフィア》は如何？」

とサンブルスキー氏は私に訊ねた。金曜日の、シャバートの夜だった。私はその時まさにイスラエルの〝人間的雰囲気〟を享受し、満喫しつつあった。

理論物理学者で、科学思想史家で、ヘレニズムの哲学的根拠に関する名著のあるサムエル・サンブルスキー氏、イスラエル学士院《アカデミー》の会長で、ユダヤ教神秘主義哲学の世界的大家であるゲルショム・ショーレム氏、それに「イスラム哲学に於ける原子論」と云うエポック・メイキングな本の著者として知られるシュロモー・ピネス氏、その夫人達、私共、総勢八人がサンブルスキー氏の、ささやかな、ヨーロッパ風の書斎に集っていた。エルサレムの夜は静かだった。三人の老大家達、イスラエルの長老達は、素朴で質素で、生き生きと内的活力に輝いて見えた。

この老大家達には既に以前、ヨーロッパで会っていたけれど、エルサレムで再会してみて、私は初めて、真のサンブルスキー氏、真のショーレム氏に出会った気がした。そして私は彼等を、何となく、〝東洋的〟だと思った。東洋的、西洋的、という概念の定義自体が、実はこの場合大変問題なのではあるけれど、ともかく私が彼等の中に、そして、イスラエルの人間的雰囲気の中に見たものは、〝西洋的なもの〟の上に更に附加された何かであり、そしてその何かは〝西洋には無い〟何かだった。ユダヤ文化とユダヤ的個性の強靭さ、深さ、豊かさの印象は、それと対比される西洋文化を、むしろ一つの欠如体として私に意識させずにはいなかった程強烈だったのである。

東洋的思考の型の特徴を云う時、私共は普通、感情的、主観的、直観的、等と云う言葉で要約する。例えば、理性的であるべき思考に感情が介入し、客観的であるべき観察が主観によって色づけられ、分析的理論的であるべき現実認識が誤った直観主義によって漠然たる幻想的な現実認識に導かれる――と云った具合で、感情、主観、直観などというそれ自体は本来独立のポジティヴな概念が、ここでは総て、単に何かの反対概念として把握されている。つまり、謂わば〝東洋的なもの〟を一旦は〝「非」西洋的なもの〟としてカテゴライズするという特殊なアプローチが取られているのであり、その操作をいくら続けても、〝東洋的なもの〟に対するポジティヴな認識には至らない筈である。

イスラエルにある豊かさは、それとは反対に、プラス・アルファーの世界である。そのアルファーが〝東洋的なもの〟であるかどうかは別問題として、アルファーは其処では常に〝西洋的なもの〟と対決しながら、しかも、〝「非」西洋的〟というような反対概念や否定概念で相対的、対照的に把握されるのではなく、独立の豊かな生きた内容を包含するものとして認識され、特殊な文化的背景に支えられて、主体的、有機的現実を構成しつつ、独自な展開をとげて来た。中世のユダヤ哲学、神秘主義、カバラ、そして近くはマルティン・ブーバーに代表されるユダヤ的知性は、更に、今後の新しい東洋的実存主義哲学の発展的契機としての可能性をふくむものとして、私には大変興味がある。

さて私がイスラエルの人間的雰囲気について色々思いめぐらしている間に、会話の主題は、いつかマルティン・ブーバーのエピソードに移っていた。ブーバー夫人が作家であったことを私は知らなかったけれど、その為にブーバー先生は大いに迷惑したらしいこと、夫人が大作（?）をものしている間に先生は角《かど》の肉屋に肉を買いにゆかねばならなかったことなど、〝あの肉を二切れ〟と先生は宙をみつめて哲学的にただ一言、のたまうのが常であった、とサンブルスキー氏は物真似ゼスチュアで皆を笑わせていた。サンブルスキー氏のお茶目な表情が、奈良の一刀彫りの抜頭面に似ているとふと思いついて、おかしかった。数多くの丘のひとつひとつが星空を背景にくっきりと浮ぶエレサルムの澄んだ戸外の夜気の気配が、はっきりと感じられるようだった。

（井筒眞穂「新潮」一九七〇年四月号）

モロッコ国際シンポジウム傍観記

一

パリを発つときは、近ごろはほとんど、シャルル・ドゴール空港ばかりだったのに、随分ひさしぶりで、オルリー空港から飛び立つことになった。

ローヤル・モロッコ航空の、ラバット＝カサブランカ行きの飛行機が離陸の準備態勢に入ると、アラビア語の機内放送が始った。オルリーの空港も妙に物懐かしく、だが、突然のように聞えてきたアラビア語の機内放送は、もっと直接に、不意に、私の胸にしみた。

貝殻に海鳴りの音を聞くように、私は、その変哲もない機内放送のアラビア語に耳を澄した。橙色の砂漠を吹く風の音や、アレッポ、ダマスカスなど、砂漠の都の、其処だけ黯《くろ》ずんだ市場の雑踏。羊皮や羊肉の匂、イスラム寺院のドームやミナレット、アラビア音楽。典型的と云うか、陳腐と云うか、だが確実にアラビア的な、ありとあらゆる色や、形象や、匂や、物音を、アラビア語のその響きは内蔵しているかのようだ。

固有の言語文化圏の歴史的時間の場で、変転しつつ発展してきた意味分節の、重層的な堆積。そして、それの共時的連鎖連関として成立している意味分節やイマージュの網目組織の、広大な無限の拡がり。その可能的総体を、そして、その固有文化の固有性の全てを、その言葉の持つ固有の響きの片鱗が、いわば限りなく微妙な色のニュアンスのように、その内部に混在させているかのようだ。

日本語をはじめ、固有言語とは、どれもそのようなものであるはずだが、アラビア語のもつ響きは、時として泡立つように、あるいは澎湃として、それを私に感じさせる。

アラビア語文化圏のもつ空間的版図の広大さと、様々な異質文化を同化融合した、変化に富んだ内部構造の豊かさ。その俯瞰的遠望も、また、私を圧倒する。

とりあえず目的地に到着する、という単一単純目的だけを目的として、ただただ飛翔を続ける機内の、抽象空間じみたその小さな空間の中に、安全ベルトで全身を椅子に固定されたままでいると、刻々に移ってゆくはずの過去と未来の接点が、その一点でだけ長く引き延ばされて、静止した真空のような、無時間の虚空をふと経験する。其処では、全ての出来事が他の全ての出来事に、あらゆる事態があらゆる他の事態に、直接の関連性をもって結合し得る。経験的《エンピリカル》次元の因果律や、時間的先後関係の拘束をはなれた、いわば無時間的に生起する事態と事態の連鎖連関的網目組織の、無限の地平の展開をふと垣間見る思いがする。

これからマグレブに行こうとしているのだ、とそんな中で私は考えていた。「陽の沈むところ」つまり、アラブ・イスラムの西方文化圏の西端にゆく。「マグレブ（陽の沈むところ）」は「マシュリク（光の射しそめるところ）」を連想させるけれど、地理的な意味のマシュリク、つまりアラブ・イスラム文化の東方圏の、さらに東端に近いあたりにはイランがある。一九七九年の一月三十一日、各所に黒煙をあげる真昼陽のテヘラン市街を眼下にしながら、夫と共に日航機で革命の危地イランを脱出したときのことが、鮮明に思い出された。そして、そのためかマシュリクとマグレブという意味連鎖が、奇妙な実存にかかわるような衝迫力をはらんで、私の胸を撃ち、様々の重層的な余韻を、なぞかけのように伴いながら、いつまでも私の心を去らなかった。

私が纏綿たる想いにとりつかれている間に私の夫は傍の座席で、作製した講演原稿を読み返している。始めての〝外遊〟以来、正確には一九五九年の七月以来、私は、こんな工合に、夫のゆくところどこにでもついて行った。幾枚書いたか、多分、数十枚は書いただろう出国入国カードには、そのたびに〝夫に同伴〟と記入する。言語哲学、イスラム哲学を専門にする学者である夫は、あまり学会好きとは云えないけれど、通算すればこれまでにかなり数多くの国際学会の定期例会や、シンポジウムの類に出席した。私はその都度、許される限り学会の〝同伴〟出席を欠かしたことがない。同伴夫人のために用意される観光プログラムの類には一切参加しないで、私はそんなとき、ひたすら学会傍聴者の席に精勤し、同時通訳のイヤホーンを専ら英語に合わせて、聞えてくるものは何でも全部、耳に入れることにしている。今回のは、(一九八一年)十一月二十七日から三十日にかけて、ラバット市で開かれるモロッコ王国学士院主催の国際シンポジウムで、「現代世界に於ける知的、精神的危機」がその主題であった。

二

飛行機が目的地ラバットに着いたようだ。移動式通路の取りつけられるサテイライトもなく、梯子階段で地上に降り立つと、風がさわやかに吹き渡り、小さな空港が紺ねず色に暮れかけていた。

パスポート・コントロールの長行列に列なっているところへ、長身の紳士が近づいて来て、どうぞこちらへ、と云う。浅葱色のまだ明るい空に星のまたたき始めた空港を、建物にそって横切ると、写真用の強烈なライトで照射された来賓室が、小さな宝庫のように輝いていて、中ではシンポジウム参加者第一陣の到着を報じる記者会見が行われていた。王制廃止後のギリシアの初代大統領で、国際法の専門家でもあるコンスタンティン・ツァツォス氏と、セネガルの初代大統領で詩人のレオポール・サンゴール氏がいた。夫も室内に連れ込まれた。

ガラスで隔てられた別室の安楽椅子に掛けて見ていると、内部の人々が、色濃い影絵芝居のように、真黒なシルエットになって、握手したりうなずいたり、動作が非現実的に見える。シンポジウムの序章が、早くも開幕しつつあるようだ。

「現代世界に於ける知的、精神的危機」が、はたして複数の個人や、複数の小さな集団の自覚的志向性で対処出来るものか、どうか。高名な哲学者、レイモンド・クリバンスキー教授が曾て――もう十五年ぐらいも前――私に云ったことがある。実のところ、学会というものからは、なんら直接の成果は期待出来ない、と。学会のヴェテラン組織者として知られる彼自身が、軽やかに云ったときのあの、彼独特のにこにこ顔を、私はよく思い出す。たしかに彼の云うとおりかも知れない。今回のシンポジウムの主題にしても、十年も前ならば、多分、高邁すぎる観念的理想主義者のナルシシズム、自己陶酔的警鐘と響いたかも知れない。だが、この現在の世界状況の只中で、耳を澄ませて聞き入ると、その警鐘からはもっと切実な、恐怖の叫喚にも似た不気味な叫びが聞えてくる。

知的精神的危機は、戦争と平和以上の問題を含んでいるから、コンテクストは少し違うが、同じ危機的状況として、私のイメージ空間には、クリバンスキー教授の笑顔と対になって、さらに生き生きと蘇るものがある。〝きけわだつみのこえ〟と題した、戦没学生の書簡集の粗末な初版本だ。それは実に粗末な、今では新聞紙にも使用しないような、黄ばんでざらざらした、いわゆる昔の藁半紙で出来ていた。その〝きけわだつみのこえ〟の初版本の表紙である。それを憶えている人がいるだろうか？ たしか、黝ずんだような、よごれたような、緑色がかった灰色で色刷りされていたその表紙一面に、蒼海の波が写真版で入っていた。だが、それはたしかに、私には蒼海に見えた。

その無音の、沈黙の蒼海が、涙にうるみながら紙面をはみ出し、どこまでもどこまでも拡がり続け、私をその中に取り包んでしまうまで、私はその波を見つめ、そして泣いた。あの頃、人々は云った。文化人が、教育者が、ジャーナリストが、会社員が、百姓が、そして誰かが、死を賭してでも叫んでいたら、こんなことにはならなかったろう、学生たちを、若者たちを死なせはしなかったろうに、と。今は故人となった仏文学者の辰野隆博士は、教え子を先立たせて生き残った老の身を、痛恨で鞭打ちながら、追悼の序文を書き綴った。そして、そのとき、生き残った若者の一人だった私はもうまもなく、その頃の辰野博士と同年輩に達しようとしている。誰かが叫んでいたら、皆が声を合せて叫んでいたら……戦争は起らなかったろうに、と人々は、そして私も半ば本気でそう思った。今にして思えば、そう思ったことも、〝きけわだつみのこえ〟の表紙一面に揺れる無言の蒼海に、止めどもなく滂沱たる涙を落したことも、生き残った者の安息の吐息と、感傷的な甘えにすぎなかったかも知れない。

実存の危機的状況とは、たしかにその頃も今も、そして今はなおさら、そのように単純に選択可能な、そんな事態ではないかも知れない。それの軌跡だけを、航跡のように背後に残しながら、一瞬一瞬、実存の複雑きわまりない結縁の地場が、この経験的、歴史的時間空間に現象する。生起する各事態は、この経験世界の因果律の次元に還元された限りに於てすら、量り知れない自然的、人為的複雑さで錯綜する原因と結果の回路と、その網目組織の総体の中で、結局、我々の見通しを超えている。経験的次元の視野に生起する事態群でありながら、それは既にその意味では、超越的事態群《トランセンデンタル》である。学会の成果に否定的だった哲学者の、夢魔的な笑顔と、〝きけわだつみのこえ〟の表紙の蒼海を、まざまざと思い浮べながら、だが多分、それだからこそ、と私は思う、超越的次元にその意味と意義を託してでも、人間実存の意志と行為の、積極的、肯定的側面を信じないではいられない。かの、シジフォスのエネルギーのとどめもあえぬ源を、私はふと、人々の中に——ガラス戸の彼方で黒いシルエットを見せて動く人々の中に、サンゴール氏の中に、ツァツォス氏の中に、夫の中に——そして自分自身の身内にも、感じるような気がしていた。

三

記者会見が了り、車で宿舎のラバット・ヒルトンに向う。パスポートと荷物の受取りや通関は、係の人が全てすませてくれる由であった。

ホテルの室内に入ると、部屋が実に華やいで見えた。ビュッフェ・テーブルの上には、コニャック、ウイスキー、ジン、ヴォトカ、マルティーニ、それにトニック水、ソーダ、鉱泉水、ビール、コカコーラ、ペプシコーラ、の瓶が林立し、トマトジュースと、しぼり立てのオレンジジュースが、それぞれガラスの大きなピッチャーに入れられて、真白なナプキンがかぶせてある。黒と緑のオリーヴの漬物が皿に盛られ、ぶどう、オレンジ、リンゴ、洋梨、タンジェリンの盛られた果物の大籠は、真緑のぶどうの広葉で蓋われていた。氷の入った容器と、ナイフ、フォーク、スプーン、皿、グラスの類が、ナプキンと共にきちんと並べられている。卓上のその華やかさは、二人用のホテルの裸部屋を突然、シャンデリヤの宴会場に変貌させたかのような観さえあった。丸テーブルの花瓶には、四分咲きの蕾もまぜて、数十輪はあろうかと思える可憐な真紅のばらが、眼を洗うように美しい。そのアラブ式歓待心《ホスピタリティ》に、私は、やはり、一瞬、胸の熱くなる思いがした。アラブ式と云うか、アラブ王国風と云うか、そのホスピタリティには伝統の香りが感じられたからだ。ダマスコ細工のテーブルや、ディヴァーンや、ペルシャ絨緞のアラベスク模様で飾られた濃厚な、影深い、あのアラビア風の部屋のイメージとは程遠い、現代的なホテルの一室にしつらえられた、そのビュッフェ・テーブルの物の配合、配置にさえ、何となく全てを全展開するアラビア風食事の、あの独特のパラダイムが透けて見えた、ということも、さることながら、何よりもイスラム以前の沙漠文化このかた、アラビアの文学、文化伝統の中で、中心的概念としての位置を占め続けてきた、独特の、アラブ的歓待心《ホスピタリティ》という、伝統的心情が象徴的に集約された、いわばアラブ的心情そのものの熱い息吹きが、ホテルの一室の、現代的、機能的雰囲気の中でさえ、いまだに芳ばしい余香を放っているのが、多分、私を不意に感動させたのだったろう。

それはまた私にイラン王制の頃の、今では人々が、皇帝《シャー》の最後の栄華、と半ば皮肉をこめて呼ぶだろうところの、イラン式歓待と、そしてそれにつながる或る小さな出来事を思い起させたのである。

イラン王制も終焉に近い、一九七八年の晩秋の頃のことだ。イランの首都テヘランで、フランスの国営文化放送も参加したかなり大きな国際学会があり、イラン文学、美術、思想、工芸などに関する文化活動の献身的守護者《パトロン》だったイラン女王、ファラハの肝入りで、ひときわ華やかに会も無事終了し、都市の外れにある宿舎のテヘラン・ヒルトンを出て、イランテレビ局から差廻された車で、私と夫はテヘラン市街に帰ろうとしていた。運転手は、学会の間中もよく見かけた知的な好青年で、多分、車の運転が彼の本業ではないはずであった。運転しながら親しげに話しかけていたが、車が市中に入ったとき急に交通が渋滞して、車が動かなくなった。何事だろう。と、ふと私が疑問を抱く隙も与えず、運転席のその青年が吐き棄てるように何か口走った。悪意に満ちた、としか云いようのない、唐突なその激しい口調に、私はまず驚かされたが、一瞬後に、わかった。彼は「ファラハ！」と云ったのだった。つまり、女王の車が通るので、数分間通行止めになるということを、その青年は〝ファラハ！〟という、様々な意味をこめた憎しみの一語で、私達に通報したのだった。結果の功罪について、さまざまの批判は避け難いにしても、女王ファラハが、少くとも誠意ある配慮を惜しまなかったテレビ局文化部所属の、多分、西洋で教育を受けたらしいその青年すら、そのようだったのだから、王制も終焉に近く、革命の機も切迫していたのは当然のことだったのだ。

四

その青年にはおそらく、女王のパトロナイズしている種類の文化なぞ、我慢がならなかったのに違いない。個々の人間的実存がそれに根ざす意味基底そのものとして、有機的な場的な拡がりを持つ文化の意味組織を、先ず何よりも単一な線的思考、例えば、様々な形のイデオロギー的思考に還元してしまわずにはいられない性急さは、また現代の、本来的に物量的《クオンティタティブ》な生活的機能主義と結合し、その立場からすれば、〝女王の文化〟に限らず、或る種の文化分野、例えば、哲学思想なども、地球上の飢餓人口を横目にしながら、さらに彼等の膏血を搾取するエリートのぜいたく、いわば栄耀栄華の果てに、パンや餅の皮まで剝いて食うたぐいの倫理的罪悪と映じることだろう。

傍観するところ、哲学者たちもまた、そのようないわゆる他者の視線を意識してか、より直接の実効ある貢献を、という名目で、だが実のところ結果的には年々、(文献学的研究分野は別として)その機能の場を縮小してきたように思える。国際哲学会で流行した主題を例にとっても、たとえば、六〇年代の〝人間疎外《エーリエネイション》〟に始って、〝環境問題《エコロジー》〟から〝人権問題《ヒューマン・ライト》〟へと移向し、存在や認識の諸問題を人間実存の直接基盤として提起し追求するというような哲学的人間存在の本来的磁場を去り、その代りにもっぱら、社会の構成要因として機能する社会的人間のありかたにのみ、その問題提起の関連性《レレバンシィ》を限定しなければならないほどに、哲学的創造性の本来の気は衰微し涸渇し、固有のその領野もはるかに後退したかに見える。

単線的なイデオロギー思考や、物量的、生活的な機能主義だけを大義名分とするような種類の人道主義の観点から、次々と打ち出される性急な問題提起とその結論の、個々の事態に即したかぎりでの妥当性とその動機の、これもまた局面的な、正当性を認めるに吝かではないにしても、そのような人間の知のあり方と志向性に、人々が全面的に身を引き渡すことによってもたらされる半面の結果、つまりそれによって排除され失われるものの大きさは、現下の状況ではすでに許容量を超えて、いわば人間の、これまでになされた全ての思考の開かれた堆積であり、創造され認識された意味分節の総体、でもあるような文化そのものの本体を危くする致死量に近づいていない、とは最早、誰も自信を持って保証出来ないのではなかろうか。

ところで、アラビア文学史などの簡単な概説を通読した人は、多分誰でも哲学や文学や学芸が時の権力者、王侯貴族の恩恵的庇護《パトロナイゼイション》によって展開したものであり、(多かれ少かれ、これは、他の文化圏の歴史にも該当することではあるだろうけれど)、特にアラビアでは、それがなければ人文科学は存立し得なかった、という功罪相半ばするその歴史的現象の特殊性に興味を抱くことだろう。遠くイスラム以前の遊牧民の、近親を飢餓にさらしても、というような、時には悲愴感すらはらんだ、日本で云えば謡曲鉢の木の逸話にも比されるような、激しさと厳しさを秘めた沙漠のホスピタリティの倫理に、はるかな淵源を持つこの恩恵的庇護の概念はもちろん、アラビア文化の枠組みの中では依然として、倫理的価値としてのその肯定的意味分節の有効さを失ってはいない。だがこの伝統的枠組みを外して、現代流行の計量的な、機能的人道主義の観点から見れば、多くの矛盾をはらんでいる。これを少数エリートの少数者に対する直接的物的恩恵と規定すれば、この少数エリートの美徳は結果的には、多数者に対する悪徳として機能する、と当然考えられるからである。現代、特に中近東社会に於ける王国の王侯たちの可能的機能として要請され、かつ存在理由《レゾン・デートル》の重要な一翼を荷うとも考えられるその伝統的機能を行使することは、従って王国そのものの生命《いのち》取りの一因ともなりかねない。

モロッコ王国に関しては、これは勿論、杞憂にすぎないかも知れない（宗教的正系の血統を誇るモロッコ国王は、イスラム教徒に対する強力な宗教的カリスマを背景にしている、と云われている）。だが、真紅の薔薇とワインに触発された私の心理的な危惧は、翌朝、ほんの少し強まった。朝、電話のベルで眼がさめ夫が受話器を取ると、ホテルのフロントが出て、「貴方の運転手が、今日のスケジュールを伺うために参上して、階下で待っております」と云うのである。何かの間違いでしょう、と眠気さめやらぬ声で押問答の末、夫が階下に下りていった。滞在の全期間中、参加者の一人一人に運転手と車がつけられるということの、それは予告なしの、全くさり気ない知らせかた、であった。文人、学者の庇護に、さすが伝統厚いアラブの、しかもスペイン風繊細さを併せ持つといわれるマグレブ貴族の優雅な心馳せを、この荒く切迫した中近東やアフリカの、社会的集団心理の醸成の中で、私はいささかの心理的不安定感とともに、垣間見る思いであった。

五

シンポジウムは一日後に始った。モロッコ王国学士院は今から一年ばかり前、教育と文化の危機的状況に対処すべく、使命感も新たに創立されたもので、今回がその第二回目の例会で、国際シンポジウムとしては第一回目に当るとのことで、外国からの招待客はフランスを主として、トルコ、バングラデシュ、エジプト、レバノン、ユーゴスラビア、スペイン、アラブ首長諸国、チュニジア、サウジアラビア、ギリシア、セネガル、英国、アメリカ、オーストリア、其他、それに日本からと、それぞれ一人ないし二、三人位ずつ参加していた。

円形にしつらえたパネル席の周囲の、通路をへだてた片側に、百人ばかりの傍聴席が数列になって半円形に並べられていた。私は同伴出席するときはいつも、そうすることにしているのだけれど、すぐ傍に人が坐ると気が散るので、真先に入場して最後列の端に坐る。そして入場してくるパネルの参加者を傍観したり、一人ずつ仔細に観察したりする。

講演者以外の参加者に関しては、どうもあまり完全ではないらしい名簿を、前もってざっと見たところでは、エジプトのアラビア語アカデミー会長、イブラヒーム・マドクール氏の名前があった。ナセル政権時代の政財界の隠然たる権力者であり、イブン・シーナ研究の大家としても著名なこの人物は、二十年以上も前、カイロで始めて知己を得たとき、既に六十歳ぐらいだった。一番最近ではマドリッドの中世哲学会で会ったのだが、それからでさえ数えて見れば、いつのまにか既に十年は経過した。マドリッドには夫妻で出席していたが、太って背が高く、巨人の如く、威風堂々としたその風貌は一向に衰えの気配もなく、当時既に七十歳とは到底見えなかった。しかも巨体のその中身は、少くとも私には、そもそもの最初から、端倪のすべもなく、何となく歴史の彼方に超然として生き残り続ける人物ででもあるかのようにさえ見えるのだが、そのくせ、妙に物なつかしい人間的な匂いを発散するような、今は八十歳にもなるはずのその老大人に再会することを、実は私は楽しみにしていた。到着してすぐに訪ねたところ、講演の原稿だけはとどいているが都合で欠席とのことで、エジプトからはもう一人の他の学者が来ていた。いささか落胆して、それ以上調べもしないでいた名簿を傍聴席で開いて見た。それまでに、ロビーなどで出会った限りでは見憶えのある顔もなかったから知人のいるはずもないが、驚いたことに名簿には、イスタンブール大学、イスラム研究所長、サーリフ・トゥーグ、の名前があった。この人は、夫がカナダのマックギル大学のイスラム研究所でイスラム哲学を講じ始めたころ、もう二十年も前、博士号を取得したばかりの若い研究員として其処に暫く留学していた人で、私共はそれぞれ、モントリオール市街の仮住まいで、お互いに招んだり招ばれたり、割合に親しくした人だった。私は老眼と近視の入りまじった視力を集中して、パネル席の参加者を遠望したが、ついにそれらしい姿を認めることは出来なかった（だが、このあと、夜会で、私共は彼と再会した）。

次に見つけた名前は、ロジェ・ガロディー氏。イスラム学にも造詣深いと云われる著名な思想家で、名簿には在パリの比較文化国際研究所所長となっていた。この人には、革命の機が切迫したテヘランの国際シンポジウムの会場で、そして宴会のテーブルで遇ったはずだが、どうしたことか顔はまるで憶えていない。

もう一つアラール・シナスール、という名前に見憶えがあった。一九八〇年の夏、毎年スイスのアスコナで開かれるエラノス学会の年次例会が了ったあと、そのままアスコナに居残って、ラーゴ・マッジョーレの湖畔の、ほとんど湖面に張り出したヴィラの一室で、ひたひたと岩を打つ波音を耳にしながら朝の惰眠をむさぼっていたところを、〝電報〟の声で驚かされた。その電報の送り主の名前がアラール・シナスール、だったのである。ユーゴスラヴィアの首都で開催されるイスラム関係の学会に出席するよう招待を受けたのだったが、慎重屋で腰の重い夫は原稿を用意するのに時日が足りないとのことで、辞退の返電を打ちにアスコナの街の郵便局まで、散歩がてら、歩いて出かけた時のことを、私はシナスール氏の名前と共に、大変鮮明に憶えていた。と云うのも、ちょうど其頃、イラン・イラク戦争が起ったこと、そして郵便局前のスタンドで買った地方週刊紙に、見憶えのあるイラン前皇太子の写真が出ていて、テヘランに凱旋する日も遠くないと、思いがけず意気盛んな記事が掲載されていたことなど、朝の電報の驚きが戦争やイラン皇太子の記事と綯い交ざって、マッジョーレ湖畔の静かな朝の惰眠をさます黒船さわぎのような印象で、私の心に残っていたからであった。

　アラール・シナスール氏の名前の下には、ユネスコ本部哲学科長と記されていたのが私には新知識だったし、それに、モハメット・アラール・シナスールというフル・ネームも眼新しく、名前から見るとこの人は、イスラム教徒のはずだった。パネル席の机上のネーム・プレイトが傍聴席からは見えないため、まだ面識を得ないその人を探し当てることも出来ない。

　だが、その他に先刻、傍聴席の前をパネル席の方に向って、ゆっくりと歩いて過ぎて行った人に、私はどうしても見憶えがあるような気がした。その人は明らかに、この会場では一番背が低く、背の低いサンゴール氏よりも、もっと小柄な人だった。歩き方の特徴まで、以前見た印象がそのまま眼に浮ぶような気がするのに、思い出せない。名簿に、それと思い当る名前もなかった（そして私は翌日、その人のことを思い出した！）。一九七九年秋、コルドバで開かれた「科学と意識《シアンス・エ・コンシアンス》」と大変口調の良い主題の、五日間に亘る国際シンポジウムで出会ったのだった。スペインの高名なアラビア学者、アラビア文学、文献学の大家、ガルシア・ゴメス氏だったのである。

この現象的時間空間の只中に繰り拡げられる、めくるめくような因縁《えにし》の糸の交錯。現代地球上に実現している結縁の網目の磁場の広大さ。イブン・バトゥータの昔とは異なり、現代人である私共は、それを縮刷の地図のように、意識内のイメージ空間に望見している。華厳的縁起の無時間地平が、今やほとんどこの現象的経験世界の現実に、実現しているかのようだ。

六

シンポジウムは、チュニジアの大法官《グランド・ムフティ》でイスラム宗教法学の最高権威とされる、ムハンマド・ハビーブ・ベルホジャ氏による「絶望と希望の岐路に立つ人類」という格調高いアラビア語演、説で始まり、そのあとバングラデッシュのダッカ大学イスラム学科長、ハビーブ・チョーズリー氏の英語講演と続いて、講演はふたたびアラビア語になった。ギリシア伝統の正統な流れを汲む定評あるアラビア語雄弁術も、英語の同時通訳でその内容だけを耳にする限り、かえってマイナス効果として働くような気もする。シンポジウムのテーマである精神的、知的危機の現状を述べ原因を求め、その危機を打開する治療薬《レメディ》として、宗教や精神的倫理的価値の発揚を期する、というような、主題に対する最も正統的な、真向からの接近態度《アプローチ》。華麗な文飾的修辞はあるにしても、論旨そのものが明快に構造化された、最も本来的な形でのその形式論理思考。それはまた同時に、個々の内的心理的事態や、外的社会的事態の古典型マクロ分節と、そのマクロ分節に基づいた現実の認識、現象把握の傾向とも有機的に結合している。そのためか非アラブである私のような聴衆は、そして多分、西洋化されたアラビア人にとっても、この公的なアラビア語の格調ある伝統的な駆使——それは同時に、アラビア語を母国語とする人々の認識機能、思考機能の正統的な駆使でもある訳だが——それ自体が、個性のない定石思考、型思考であるような印象が先に立って、その中に創造思考のダイナミックな契機を感じ取ることが出来ない。

だが、ひるがえって考えて見れば、それは現代病に毒された我々の側にむしろ非があるのではないか？

主体的な接近態度《アプローチ》の角度によって変貌する対象事態の位相《フェイズ》や様相《アスペクト》や様態《モード》。視座と対象の相関的相互関係によって微妙に揺れ動く、主客の機能的磁場としての事態の現象的把握など。また、それによって醸成され、現出する現代的な認識風景や思考空間の、いわば分析的なミクロの世界の力動的《ダイナミック》な創造性に魅せられた私共の心にそして感性に、そのマクロ分節の現実把握が、最早、有効性を持って働きかけ得なくなっていること。そればかりか現代的思考と文化的意味分節の、実は正統な基本であり、基盤そのものでもあるような古典的マクロ分節と、それによる直截な現実把握の能力を、あやうく喪失しそうになっていること、それこそを私共は危機感をもって反省しなければならないのかも知れない。

イスラムという、宗教的、文化的歴史状況の特殊性の中で、特に極度の洗練とともに細分化し、多様化し、錯綜しつつ、複雑化を重ね続けたイスラム的言語思考、思弁の世界をコーラン解釈学の批判的規制という媒体を通じて、その可能的混乱と混沌から救出し、過剰な枝葉を伐採して、現実把握の基本となる、その古典的なマクロの文化的意味分節の回帰へと、絶えず方向づけることを忘れなかったのが、実は本来的に立法的であるイスラムという宗教と文化思想の根本的特質であるようだ。そして、そのような歴史的過程を経て、その結果形成されたものが私共にはスタティックと思えるほどの、イスラム的思考型の明快さであり、従ってその固定性は、実は流動性を、そしてその単一は複合を、マクロ分節はミクロ分節の機動性を、それぞれ過渡的に経過し、内部に秘めて巻き込んだそれであるはずだ。しかも古代文明の陰影も深い地帯に淵源する中近東文化の、悠々たる歴史の流れの中に、深くがっしりと根ざしたこのアラビア的思考の、分析と綜合の明快な分節パラダイムは、流動し、浮動する現代的世界状況を前にして微動だにしない。

七

予期した通り一連のアラビア語講演のあと、パネルの内部から、〝一般にアラビア語講演の論旨が特に西洋に対して攻撃的、排他的で、協調性に欠ける〟と指弾された。アラブ・イスラム文化と西洋近代文化が、真向から対峙《コンフロント》するのは、むしろ両文化が、その構造上も、そしてまたその発展の歴史的過程の上でも、ギリシア文化と聖典《キターブ》文化という文化的宗教的な参照枠（フレイム・オブ・レフェランス）を、（否定的にしろ肯定的にしろ）相互に共有していることによって、いわば歯車の嚙み合いの要素を持つからこそ、惹起され得る事態でもあるようだ。この強力な文化的知性の対立性そのものは、文化的に、むしろポジティヴな方向を示唆し、建設的、創造的な意義を内包しているように、私には思える。

鮮明な個性に色づけられた異文化間の多極対立によってこそ、そしてそれによってのみ醸成され得る、真の意味での文化融合地平の指向的磁場に於て、今やその中心軸とすら云えるほど強力に機能する西洋近代文化と、基本的な文化参照枠を共有しつつ対峙し、しかも地域伝統文化としての個的な生きた具体性を失わず、独自の文化的意味分節の堅固明快なパラダイムと共に、固有文化の有機的整合構造の活力と充溢性を、少くとも危機的自覚と共に保持し続けるアラブ・イスラム文化。この想定は、いささか理想的に過ぎるかも知れないけれど、それが近代文化の中で巻き起しつつある激しい矛盾対立は、決して他人事とは思えない。対立して流れるそのエネルギーの激しさが、文化融合地平を指向する磁場そのものを支え、把持し、究極的には、異文化の全てを内包しつつそれに向って止揚されるはずの、高次の全人間的文化の有機的整合構造の創造へと全体を合流させ、方向づける重要な動因の一つとして、既に作動しつつあるかも知れない。

文化の多極性とその地平融合に関連して、私にとって印象深かったのはやはり、セネガルの前大統領、レオポール・セダール・サンゴール氏による「精神的危機と南北対話」と題するフランス語講演だった。

サンゴール氏はフランスで高等教育を受けた、いわゆるノルマリアンで、セネガルの詩人＝哲人政治家として知られているが、特に「ネグリチュード」運動という、知性の闘争的創造活動の、半世紀にも及ぶ持続的経験が彼の言葉や動作、態度そのものに、一種の気魄とそれを重厚に包む知的優雅さを与えているのが見事だった。

サンゴールという名前に、私が特に個人的な興味を持つようになったのは、かなり以前にさかのぼる。一九七〇年代の始め頃、夫の勤めていたカナダのマックギル大学、イスラム研究所に博士号取得の目的でやって来たアフリカの黒人留学生がいた。この研究所はイスラム学専門の大学院でもあったので、学生はカナダ人よりもむしろヨーロッパ、アメリカ、特に中近東や、其他のイスラム圏からの留学生が中心で、其処には極く自然に、小規模ながら国際的なイスラム・コミュニティが出来ていたが、イスラム教徒で、かつ純粋なアフリカ黒人というのはその人が始めてだった。以前からスーダン出身の留学生が一人いたが、人種的にはアラブを称していて、顔の骨相などはたしかにアラブだったが、肌色は黒褐色で、〝アラブにしては黒すぎる！〟というのが、彼の自称に対する他のアラブ学生の、冗談まじりの反駁だった。実は、この自称とこの反駁は、イスラム・コミュニティに於ける人々の自己同定《セルフ・アイデンティティ》意識のありかたを露呈していて、興味深い。

つまり、イスラムという独自の宗教文化と、それに基づく世界観をも共有する多国籍文化圏、すなわちイスラム圏の人達の、意識内の世界地図は二重に構成されているかのようだ。全地球的な国際世界の他に、彼等には、もう一つのイスラム圏という国際世界が存在する。全地球世界の国際性の内部構造分節に於ては、国家、言語、人種、文化、などの各単位がそれぞれ独立の資格で、いわば自由に現象的に結合することによって、個々の具体的な次元や局面を構成しながら、国際性の組成要因として機能しているのに反して、イスラム圏という国際世界では、人種（純血なアラブ）、言語（純粋なアラビア語）、宗教（イスラム）が、いわば三者一体のセットになって、最も正統的な結合パラダイムを構成し、これがイスラム圏という国際社会の、複合体組成要因の典拠模型となっている。

アラブの純血と、アラビア語と、イスラム。預言者ムハンマドが体現していたこの三要素の結合が、イスラムという多国籍文化を凝固させる最も純粋な結晶核である。従って、その三者を一身に具現している人やその人々の集団や、そういう国民を擁する国家が、イスラム国際社会では、直接の価値的優位を意味しないにしても、理想的な典拠模型を構成する。このパラダイムの三つの項の一つが入れ替っていたり、又は生粋のものでなかったりすれば、それは当然、典型からの段階的衰退を意味する。事実、このような構造模型が微妙な心理的ニュアンスとなって働き、イスラム・コミュニティの人々の自己同定意識《セルフ・アイデンティティ》を、知的に明確に顕彰したり、或いは逆に曖昧に曇らせたり、複雑な形で左右しているような気がする。

さて、そのアフリカからの新入留学生、オマル・ジャーの肌は黒褐色などではなく、見事に真黒であった。オマルというイスラム名を持ち、アフリカ大陸西海岸の、セネガル国に国境を接する小国ガンビアから彼はやって来た。艶を消した墨色の、吸湿性の和紙のような肌の顔は完全な玉子型の、いわゆる瓜実顔《うりざね》で、絵に出てくる鳳凰の眼そっくりの切れ長の細い眼だけが、その中で白い磁器のようにきらきら光り、背が高かった。

或る日、夫がオマル・ジャーをアパートに招待した。彼は流暢な英語で、アフリカ文化について滔々と喋った。彼の伯父さんが、ティジャニー派の長老であること。このティジャニー派は、実は、自然神秘主義と結合した非常にアフリカ色の濃厚なイスラム神秘主義であること。アフリカ文化には、いわゆるアフリカ・アニミズムと普通呼ばれている文化構造が指向する方向に向っての極度の精巧な推敲《エラボレイション》と、高度な洗練《ソフィスティケイション》が見られること。採取、狩猟、農耕、産業、という一方向的な社会経済形態の発展過程を唯一の参照枠として考えられた進化論的社会文化構造モデルは、少くとも、アフリカ文化に関する限り、全然当てはまらないこと。従って、アフリカ文化を化石化した原始文化の残骸と見ることは誤りであり、アニミズム的と云われるその文化構造は、元来、西洋近代文化のそれとは異なる指向性を構造的に内蔵していて、その指向線上で、過去も現在も独自の文化的、思考的意味分節形式の推敲と洗練を重ねつつ、生成発展を続けて来たし、今も続けていること。アニミズム的と称されるその独特の意味分節の、自然的多軸構造は流動性と機動性にみちていて、むしろ未来文化への指向線とも交叉する可能性をさえはらんだような、文化的思惟の力動的《ダイナミック》な形態であること、など。真夜中を過ぎる頃まで——話したのは主としてオマル・ジャーだったが——会話のたねは尽きなかった。

私がほとんど衝撃的とも云えるような感動を受けたのは、だが実は彼が歓待を感謝して去ったあと、ささやかな食卓の後片付けを始めたときだった。最後のデザートの皿が私の視線を釘づけにしたのである。白い、なんの飾りもない平皿の上に、デザートに出した洋梨の芯と、そのまわりに数粒の小さな黒い種子が散らばっていた。とても人間の食べ残しとは考えられないほど、見事に清潔で美しかった。皿に残された洋梨の芯と、数粒の小さな黒い種子《たね》のちらばりに、私は大きな鳥の嘴と草原を、まざまざと鮮明に思い浮べたのである。オマル・ジャーの真白な歯、そして、彼の背後にある長い文化の歩みと、それによって分節し出された独自の意味的世界の、秩序にみちた構造性を、私は幻視のように、其処に見た。濃い肌の色はまた、その人の所属する文化の色を鮮明にし、その人の自己同定意識をも鮮烈にするのではないか、と私はそのとき思ったものだ。

八

セネガルとガンビアの両国は後に合併したが、当時ガンビア国の領事事務を代行していたカナダのモントリオール市のセネガル領事館領事、ディアロ氏と共に、オマル・ジャーは、其後アフリカ思想と文化に関する研究所を創始する企画を立て始め、それに関連して、当時のセネガル大統領、サンゴール氏の噂話も度々聞いた。また、数年前、夫の関係している国際哲学会の例会が、サンゴール氏の肝入りもあって、セネガルの首都ダカールで開催されたが、こちらの都合で参会の機会を逸した。そのようなこともあって、今回、パリからサンゴール氏と同じ飛行機でモロッコに到着した偶然にも、私は一種の個人的な感慨をもった。

到着の翌日、ラバット・ヒルトンのロビーで、シンポジウムの他の参加者と話していたところ、その席にサンゴール氏が加った。たちまち活発な会話が始まり、話題は、サンゴール氏の持論でもあるらしい膠着語文化論であった。膠着語（アグリュティナティヴ）という術語そのものについては、専門家の間で様々な論議があり、定義は浮動的らしいが——フィンランド、バスク地方、トルコ、蒙古、日本、アフリカの一部という、いわゆる膠着語文化圏の論旨は、一種の文化の相対性を主張する理論でもある。つまり、西洋近代文化を、到り着いた全人類文化の先端構造として把握する、進化論的な経済社会機構中心の文化論に対して、固有言語の意味組織を基盤として、文化構造そのものの複数性を、そして相対的多極性を、示唆的に主張する理論でもある。モントリオール市での、オマル・ジャーとの会話が、突然まるで昨年のことのように思い出され、その続きを今、再開しているかのような錯覚を私は持った。

シンポジウムに於けるサンゴール氏の講演でも、そのような多極性文化の未来的融合地平の磁場で、中心軸となるべき人間の知のあり方を分析的に示唆した部分が、私にとっては特に興味深かった。彼の講演によれば、いわゆる「南北対話」を主題とする国際セミナーやシンポジウムの類が、今までに無慮二千回余りも開催されたらしい。しかも具体的成果を何一つ生み出すことなしに。だが、その結果、幸いにも——とサンゴール氏は云う——世界銀行が、一昨年ついに一つの重要な発見に遭遇した。即ち、如何なる形の世界経済の新秩序も、先ず何よりも、それに先立つ文化的コンテクストの考察なくしては、その樹立は不可能である、と。正にそれをこそ、年来私は主張し続けて来たのだ、とサンゴール氏は云った。

　政治家としてのサンゴール氏が天成、文の人であり、徹底した思索家であることは、現代世界の特にアフリカの、政治家として彼を貴重な存在にしている。現代世界に対応すべき新しいアフリカ文化の、文化的自己同定意識の創造と考察という問題を、単に政、経、技術の展開過程に随伴する選択随意《オプショナル》の理想論としてではなく、第一義的な、現実必然の緊急事態として認識し、それに対して身を挺した使命感と、先達としての責任感を持つ詩人＝鉄人政治家サンゴール氏の姿勢に、私は、日本人として、或る種の同和感《アフィニティ》を抱かずにはいられない。

　というのは、アフリカの、文化的自己同定《セルフ・アイデンティティ》に関する緊急事態と、日本のそれが、問題提起の契機の上で、一つの重要な共通性を持っているように思えるからである。

　近代性と、西洋近代性とが、ほとんど同義語として通用するほどに、世界の主流を占める正統的な文化構造となった西洋近代文化に対して——この場合、膠着語文化云々は別としても——、アフリカ文化も日本文化も、共に、西洋とは文化の参照枠を直接には共有しないばかりか、それぞれ固有の伝統文化の意味組織の中に、本来、むしろきわ立った構造的異質性を持ち、しかも、西洋近代というその主流文化との相関関係に於て、それぞれ自己の文化を位置づけ、そのような形での位置づけを基盤とする鮮明な自己同定が、それぞれの固有文化の未来的展開にとって、必要不可欠の条件として、現時点で、特に強く意識されている——という点で、アフリカ黒人文化と日本文化は、それぞれの問題提起の契機と指向性を同じくしているのではないだろうか。

九

サンゴール氏はまた、講演の中で次のように云う。シンポジウムの主題の一部、精神的危機の〝精神〟を、例えば、(西洋的コンテクストで理解して) アリストテレスの『ニコマコス倫理学』の〝英知《ヌース》〟に淵源するとすれば、それは元来、それだけで、論理的知性と直観知と、双方の共存形態を意味するはずであるが、生産技術優先の現今社会状況下では、コンピュータ的論理知性のみが唯一の人間の思惟機能であるかのように見做されている、と。そして、サンゴール氏は、人間知性のあるべき姿として、論理知性《アンテレクト》と直観知《アンチュイション》の調和ある統合知性の再建を、その講演の中で提案した。その提案で、彼が間接的に示唆しているのは、生産技術型思考として、機械的に記号化した現代西欧型の論理思考に対する、異質周辺文化の、豊かで多彩な意味分節の肉づけを有する直観知の積極的な参与、ということであった。

サンゴール氏のこの部分の議論展開には、だが実は、異質周辺文化の立場から見て、私共自身が最も容易に陥りかねない一つの陥穽がかくされているように思える。

古代ギリシア的文化コンテクストではともかくとして、西欧的現代文化で常識的に理解された限りでの、論理思考と直観思考という、精神機能のこの一般的な二区分が、思惟形態の構造モデルとして、異質文化の思惟形態の理解に適用されたことから、そもそも二十世紀に於ける、いわゆる非西欧的な異質周辺文化一般に対する誤解——と同時に誤った自認も——始まったのではなかったか？

西洋的文化コンテクストの中で、厳密に限定されながら展開し、その線上で定義を重ねてきた形式論理思考に、そのままの形で該当するような言語思考が、特定の固有文化の中に認められなければ、すなわちその文化には論理性が、そして論理的思想が欠落しているのであり、従って〝非〟という否定形の欠如態として認識され、把握される。あるいは、肯定的な形で把握されるとしても、論理的なもの以外は全て——つまり、全ての〝非論理的〟なものは〝直観的〟とされて——〝直観〟という、ほとんど無限定の構造分節モデルの巨大な袋に入れられてしまう。理性と情念という常識的構造モデルを適用した場合も同様で、異質文化は、当然しばしば西洋的に定義された厳密な、あるいはそれの延長線上で漠然と理解された常識的な、〝理性〟なるものの欠如態として、〝非理性的〟となるか、あるいは〝理性〟の、ほとんど無限定的対概念としてだけ、この場合、機能している〝情的〟という型に、必然的に入ってしまう。これは、提起された問題そのものが、構造的必然として、当初から既に予定的に提示していた帰結ではあるが、そのことよりも、実際上の難点は、この特定の現象的事態の観察や考究が、結局それで行きどまりとなり、それ以上の展開が不可能となるということである。つまり、このような次元に於けるこのような形での、西欧文化との対比によって理解される限りでの異質周辺文化は、必然的に常に〝非西欧的〟という同義語反復的《トートロジカル》な限定を受けつつ、それを濾過することによって、変質したものとなるはずで、或る意味では、これも文化同融現象《アシミレイション》の一つの型としてその機能を果して来た訳でもあるのだが……。

言語的意味分節と、それによる認識把握という二者一対の機能を通じて、言語構造と文化構造は、常に有機的、力動的な相互連関を保ちながら、その独自の意味組織の、秩序ある構造的整合性を展開させていく。従って、自然言語を基礎とするそれぞれの固有文化には、何れもそれ自体に独自の、内的な構造的整合性が存在するはずであり、この構造的整合性こそ、実はその言語と文化に内在する、固有の論理性そのものである、と云うべきかも知れない。

さらに全ての思惟が、表現された思惟も内的思惟も共に、現象的には言語思惟に他ならないとすれば（イメージ思考のイメージも、第一次的には、言語的意味分節を経たものとして考えられる）、思惟形式の構造的整合性（いわゆる広義の論理性）も、それぞれの自然言語に固有の、主として意味分節と意味統合組織の、構造的整合性そのものの忠実な反映でもある。

また、この自然言語による思考が、元来、何れも意味分節と意味統合による相互連関で機能しているという、複数の自然言語思考現象間の通約的構造モデルを仮定すれば、次のような二つの思考形式のモデルが成立するだろう。意味統合形式を優位に立てて、統辞的な線的整合性を追ってゆく思考。そして、分節された意味単位間の共時的連鎖連合として成立している意味の網目組織の示唆する様々な意味連鎖に触発され、機に応じて自由奔放に面的に展開する連想連鎖思考。前者は本来的に線的、時間的思考であり、後者は、いわば無時間的な場《フィールド》的な拡がりを持つ思考である。

そのような二つの型の思考モデルは、たしかに、何れの自然言語思惟にも当てはまるようだけれども、二つのうちの何れがその文化で優先しているか、その傾向性に従って、文化構造の外観に一種の印象的な相違が出て来るにちがいない。それと同時に、各固有言語に属する特定の統辞法と、また特に、その固有言語の持つ独自の意味分節の、千差万様のあり方が、これらの自然言語思考の構造的整合性の全体に、それぞれ必然的に、多様な相異なる陰影を附加しているはずでもある。

十

サンゴール氏の講演に触発されて、学会傍観者の私の脳裡に去来し、一、、、、一触千里を走った無時間的連鎖連想！　をまとめれば、大体、上記のようなことどもであった。四日間にわたるシンポジウムで、他に印象に残ったのは、モロッコの哲学者、モハメッド・アジーズ・ラフバービー氏の「価値、価値評価、そしてその補正」、それにユネスコのムハンマド・アラール・シナスール氏の「〝危機〟の概念と現代の知的危機」、フランスのロジェ・ガロディ氏の「イスラムとの対話——西洋文化の危機に際して」、同じくフランスのエドガール・フォール氏の「現代世界に於ける精神的知的危機」などの講演だった。夫は、サンゴール氏と同じ日に、「現代の精神的知的危機に於ける東洋哲学」と題して、イスラム哲学を含む東洋哲学の構造に関する講演をした。

サンゴール氏や夫が講演した日は、ちょうど公式の晩餐会のない日だった。さすが私も、すっかり疲れ切っていたので部屋で休むつもりでいたところ、思いがけずエドガール・フォール氏から個人的な夕食の招待があった。その日の夫の講演が面白く、個人的に会って話したいから是非にも、とのことだった。このようなとき、疲れきっているのは大てい傍観者の私の方で、夫は自分の講演の了った解放感もあって、けろりとして生き生きとしている。エドガール・フォール氏が、法律家でフランスの元首相で、アカデミシアンで上院議員で著述家でもあることは、シンポジウムの参加者名簿の記載で知っていたが、著作を読んだこともなく、気の重い私を連れ出すのに、だが夫はいつも多言を要しない。〝何事も経験だから〟と云うのである。全くその通りである！

早目にロビーに行って見ると、マールーフ・ザーワリービー氏が近づいてきた。フォール氏に招ばれているのは私共とザーワリービー氏だったのだ。

最初、このホテルに到着したとき、ロビーでふと眼についたのが、偶然この人であった。黒い背広を、ひときわ端正に着こなしているその人物の周辺には、一種の緊迫感がただよっていた。厳し過ぎるほど硬い表情の横顔と、全身にただようその不思議な、油断のない緊張感が私の視線を惹きつけたのである。もしも、同じシンポジウムの参加者だとすれば――と、そのとき私は内心で考えた。その風貌からして、もしかすると、マグレブに本拠を持つイスラム神秘主義修道会に入って研鑽したと云われている、スイスの名家出身の、高名なイスラム学者、ティトゥス・ブルクハルトではないかなどと、とんでもない当て推量をしたのだった（ブルクハルト氏と夫とは間接的に知り合ってはいたが、まだ会ったことはなかった）。

その紳士が全身にただよわせている、ただならぬ内的なものの気配が、私にイスラム神秘家をふと連想させたのだった。私の第六感など全然当てにならないと後でわかったことだが、その紳士がサウジ・アラビアの王様の顧問官で、「イスラムと西洋」の会の会長でもある、マールーフ・ザーワリービー氏だったのである。

私の傍で、夫がザーワリービー氏に、エドガール・フォール氏とは、そも何者であるか？　と訊ねていた。其後帰国してから、私は岩波の人名辞典で、エドガール・フォール氏に関するもっと面白い情報を得たが、そのときのザーワリービー氏の話では、エドガール・フォール氏は、ユダヤ系のフランス人だが、フランスからのモロッコの独立を、強力に支援した人で、そのためアラブの間でも、誰一人彼のことを悪く云う人はいない、とのことであった。

フォール氏が仲々姿を見せないので、約束を忘れてしまったのではないか、と夫が云い、ザーワリービー氏は、女の人は化粧に手間どるから、と珍しく顔をやわらげて、二人で笑い合っている。エドガール・フォール氏が同伴してきたのは、フロイド学派の心理学者である氏の令嬢だった。いわゆる、ジェット型の美人である。

十一

私達五人は、ホテルの最上階のナイトクラブ「バーブッ・サマー（天の扉）」にゆき、ステージの真正面に陣取った。令嬢は、亜麻色髪に、たしか灰水色の瞳だったと思うが、ちょうど京人形の分厚いおかっぱのような髪型をして、グリーンの薄絹衣裳をまとい、それが良く似合っていた。年恰好は多分三十三、四歳ぐらいだろうか。

あたりに、あまり客もなく、薄暗い照明の中を、黒髪をスペイン風の束髪にしたホステスが、真赤なドレスをひるがえして注文を取りにきた頃、やっと音楽が始まり、太鼓や笛や琴のアラビア音曲が、部屋の空気を急に濃密にした。

「僕は伝統スープ！」と、音楽にかき消されないように、フォール氏がエネルギッシュな大声を張り上げた。ハリーラ、スープ・トラディショネル、とメニューには書かれている。スープは結局、全員それにして、魚の土鍋焼き《タージン》、など料理を注文し了るのにかなり手間どったが、普通はこのひまに、相互の心理的位置工合など調律できる。アラビア音曲に消されて、テーブルの向い側にはほとんど声がとどかないから、強いて会話の必要もなく、私には気楽だった。心理学者の令嬢と夫の席が隣り合せで、二人が何か心理学の話をしていて、夫がユングのことでも話題にしたのか、令嬢が、〝ユング派の偉い学者なんて、世界中から集めたって、そんなに沢山はいませんわ〟などと、パリの硬派フロイディアン振りを発揮して、夫をたじろがせていた。

言葉と、心理の流れと。だが実は、このような集りでは、形あるものや動いて機能しつつ過ぎ去るものは、第二次的なものに過ぎない。一期一会という名言があるけれど、この集りの、一期一会の磁場を構成しているのは、言葉や心理という図柄ではなく、その図柄がその上に描き出されつつあるところの、素地そのものであり、画布でもあるような、いわば現象現出以前の、無色の無時間の充実、〝心〟だ。そのような無色の心の相互認識が、そして世阿弥元清がその能理論で云うところのいわゆる「無心の感《かん》」が、一つの磁場を支え、把握し、その上に、皆が言葉と心理の流れるような図柄を画き、模様を置いてゆく。茶道芸術もまた、このような意識空間の構造に関する限り、多分、日本だけのものではないのだろう。

舞台では、半裸の美女が、アラビア・ダンスを踊っていた。見了って、私が夢中で大拍手を送っていると、フォール氏が、あれは先刻、料理の注文を取りにきた赤いドレスのホステスではなかろうか、と大真面目な顔で私に訊ねた。薄暗い照明では、たしかに顔付き、形姿がひどく似ていると、私も最初ふと疑問を持ち、仔細に観察したばかりだったので、おかしくて思わず大笑いした。スープが運ばれてきたときも、フォール氏が、この伝統スープには具が入っていない、と驚きの声を挙げ、支配人がやってきて、スープ皿に具《ぐ》が満載され、フォール氏はやっと満足した。魚の土鍋《タージン》焼きが出されたときも、なつめ椰子（ダット）が入っていないとフォール氏が抗議し、このときは、ザーワリービー氏が、内的な真情と優しさのみなぎったような、だが、心理的には何を考えているのか一向にわからない謹厳な表情のまま、自分の土鍋《タージン》焼き料理をフォール氏に提供した。なつめ椰子を英語でデイツ、と耳慣れていた私には、〝ダット！　ダット！〟と繰り返すフォール氏のフランス語の単語が、やんちゃ坊主、アンファン・ガテの舌足らずに聞えて、何となく面白く愉快になった。

ベイルートの家族に会って、それから、サウジアラビアに帰ると話しているザーワリービー氏の言葉をふと耳にして、私が思わず傍から、御家族はベイルートなのですか、と訊ねたとき、危地に家族を持つ人の心の動きをほとんど面持にも見せないで、そうだと答えて、真直ぐに私を見た眼の真摯な勁さを、私は忘れない。

再会を約しながら、そして、一期一会の無色の心が、かすかな波紋を拡げつつ波立つのを相互に感じ合いながら、私共は、お休みなさいを云った。

世界は、いつの日か、たとえ遠い未来にでも、様々な文化の玉をつらねた、美しい一つの宝冠になり得るのだろうか。

一期一会の、無時間の無色の心の波紋は、私の中で、あの『きけわだつみのこえ』の表紙写真の蒼海のさざ波と、今、一つになって拡がってゆく。

（「中央公論」一九八二年四月号）

言語フィールドとしての和歌

外国人の日本文学研究、という分野では、先達者《パイオニア》の一人としての位置を占める英国人、W・G・アストンは、その著書『日本文学史』（初版一九〇八年、ロンドン）の中で、日本古典詩、特に和歌、について、大変興味深い、彼自身の批判的観察を披瀝している。彼の批判的観察が、純粋に、端的に、典型的に、ひたすらに、西洋的観点に立脚したものである、という点で、また、その故にこそ、それは、いまだに、生き生きとしたその有効性を失ってはいない。

フランス語で連句が巻かれ、英語で俳句がつくられる現今の状況では、外観上は、たしかに、異文化理解の問題は、肯定的《ポジティブ》な方向に展開しつつあるように見える。だが、この種の、文化境界線の焦点ぼかし、あるいは、消去は、半面、却って、問題点の所在の正確な把握を妨げる、というような結果を招来してもいる。

和歌構造に関する、アストンの誤読も、それを生み出した根本的要因については、それの構造的整合性に於て考察されたことはなく、従って、それら誤読の要因そのものは、其後様々の形でなされたであろうところの、より専門的な、研究的精錬《エラボレイション》や、理論的洗練《ソフィスティケイション》にもかかわらず、やはり、そのままに存続し、解消されてはいないように思えるのである。少々逆説的な表現になるが、実のところ、現段階では、和歌構造に関する、アストンの、この精密克明な分析的誤読の正当性、妥当性の方が（少くともその分析的アプローチに関する限り）、むしろ、真に迫って私共を首肯させる。というのも、アストンの、（いわば特殊な創造的）誤読による個々の指摘が、いずれも、和歌の構造分析に於て、その核心にせまり得るような、いくつかの可能的アプローチの角度を、否定的《ネガティブ》に、そして全く逆説的な形で、ではあるが、正確に、明瞭に、示唆しているからである。

いくつかの、非常に顕著な、形式上の特殊性を持ちながらも、和歌もまた、たしかに、或る意味では、等しく「詩」と呼称され得るような、詩的言語芸術としての普遍性を持っているのだ、という立場に立つ限り、和歌が、そのような、普遍的アプローチに依る考察に対して、開かれた構造的側面を持っているのも事実であり、また、その限りに於ては、和歌構造の特殊性に関するアストンの指摘は、実に端的で、客観的な信憑性をそなえている、と認めざるを得ない。

　にもかかわらず、アストンのその考察は、同時にまた、私共の立場からして、云うまでもない程に明瞭な――部分的な、ではなく、全面的な、そして、量的な、ではなく、質的な――誤読である。

日本という、特定固有の、地域的伝統文化の基底構造、いわば、和歌がその底にかくし持っているところの、いわゆる文化的「準拠枠」、すなわち、構造的・機能的整合性を成立させているところの軸《アクシス》、から完全に外され、切り離された形で、和歌構造が把握され、考察されている、というところに、アストンの誤読の、決定的要因、があるようだ。

W・G・アストンが、普遍的《ユニバーサル》であり、永遠不変《ペレニアル》であると仮定したところの、だがその実、いわゆる西洋と呼称されるひとつの地域性に於て成立している文化の構造的準拠枠を背景とするような、西洋の、詩的言語、詩的表現、詩的現実の、パラダイム、すなわち基本的構成要素一覧組織、を恒常的典拠として、それに準拠しながら、和歌という——これもまた、別種の地域的固有性に於て成立している文化的準拠枠を背景とするところの——詩的言語世界が考察された場合、その比較的認識把握が否定的に働けば、後者、和歌は、当然、パラダイム的に欠落した、あるいは、貧困な、一種の欠除態となり、また、その比較把握が、逆に、肯定的に働けば、理由のない附加を伴った、余剰、過剰、の様態となる。

つまり、西洋詩（A）に固有のパラダイムを構成するところの特定の構成的側面《アスペクト》や、構成要素と、否定的、肯定的に、関わりを持つ限りに於て、和歌構造が問題となり、従って和歌構造は、それとの対立、反立、相似、という、関係的に析出された構成的側面や要素の、ブリコラージュ的、非有機的集合、しかも、その総積が、否定肯定関係を含めて、いずれにしても単なる〝非A〟として帰結するような形で、浮び上ってくるわけである。これは、取りも直さず、西洋詩のパラダイムだけが、常に、この比較の場の、恒常的原理・規範、いわば、永遠不変《ペレニアル》、かつ普遍《ユニバーサル》な「詩」的イデアとして、ロゴス的に位置づけられていて、和歌がそれの変異態として前提的に仮定されているという、そのような比較的方法から構造的に予想される必然の帰結でもある。

比較に於ける関係対立項が単一ではなく、その数が多くなればなるほど、しかもそれらが相互相関的な、相対的関与性を前提としている場合、それら無数の、可能的関係性によって把握される固有性、固有の構成的側面や要素、もまた無限に増幅してゆき、それらの関係的に把握された特殊要素の総積は、やがて、和歌的固有性の総体の、少くとも、その近似値に近づくのではないか、というふうにも考えられるが、これも、やはり、錯覚で、錯綜する諸側面・諸要素の単なる相互比較であり、和歌自体の、有機的整合構造、の把握には至らない筈である。

事物、事態の固有性や特殊性（ばかりか、存在の個別性そのもの）が、他との関係性に於て成立しているものであることを考慮に入れれば、和歌の場合も、当然、関係対立項との比較に於て、はじめて、和歌的個別性が成立し、また、その特殊性の認識、把握も、それによって、可能となる筈ではあるが、その比較の場に於ける関係対立各項の各々が、それぞれに、それを基底として、それとの有機的連関に於て現象しているところの、あの、各固有の、文化参照枠——と仮に呼称されるもの（それが何であれ）――が、比較の場から完全に除外された場合、つまりそれが比較の場に有機的に組み込まれていない場合、そのような比較は、たとえ、それが、黒白あきらかな、観察の明証性の上に立って、構造的に構成されていたとしても、その比較は、殆ど無効で、むしろ、現実の事態的関与性を持たないもの、多分、同一と矛盾の存在的・論理的背反性の定立に過ぎないもの、となることだろう。

文化的準拠枠とは、ところで、一体、何なのだろうか。そのようなものが、事実、あるのだろうか、そして、それの、いわば、抽出作業は、実際に実現し得るのだろうか。

しばしば、漠然とした意味で、仮定され、想定されるこの概念は、実のところ、むしろ、それの意味領域が充足されないまま、無限定の中空状態に残され、保たれている、という点に、多分、その概念自体の、構造的、機能的有効性と特徴がある、と云えるようだ。ある特定の文化共同体に於ける、文化的現象形態の中に見られるような、一見漠然とした、傾向性、斜向性、の原理や、それを産み出す契機《モメンタム》的動因、あるいは、その斜向性の、隠された機能軸《アクシス》、に当るようなものを、無限定の「X」として、構造的に仮定し、その無限定の「X」を、「文化的準拠枠」というような、意味・イメージを伴った語・概念、で示唆している、ということであるらしい。「文化的準拠枠」は、――まさに充足されようとしているような、あるいは、充足されるべき――中空の意味領域の一単位、「X」、として其処に在る。

分析的に観察された、個々の具体的現象形態が、一見したところ、全面的に非整合的で、無構成的に成立している諸側面や諸要素の集合であるに過ぎない、と思えるのに、その「X」という機能軸を与えることによって、あるいは、X項を投入することによって、一挙に、その整合性を獲得し、それによって、精緻な整合構造が、照射されて見えてくる。「X」は、可能的には、そのように機能する筈である。「X」なるものの、この機能的有効性と、それの存在を仮定させる状況的必然性は、しかしながら、多分、それの事実上の存否そのものにはかかわらないだろう。奇妙なことに、だが、それは常に、否定的な形で、そして否定的、逆説的な形でだけ、その存在の可能性を暗示する、つまり、それの現象的非在に於て、それの欠落に於て、それの現象的隠蔽性に於て、それは、はじめて、その存在の事実性を、より強い説得力をもって、主張するように思えるのである。

叙述が長くなったが、その「X」軸の欠落を、最も端的な形で、我々の前に提示しているのが、他でもない、W・G・アストンの、和歌構造に関する分析的考察なのである。アストンの、その分析的操作は、「X」の完全な欠落に於て和歌構造を把えることによって、却って逆に、「X」そのものの周辺に、その構造的視野の焦点をしぼった、という点で、「X」という意味的中空を充足させるための、創造的契機とその手がかりを、我々に、示唆的に提供している、ということができるだろう。

和歌の構造的整合性を支え、成立させているところの、いわば、和歌の構造的整合軸、とも云うべきものから、取り外された形で考察された場合、和歌は、まさしく、アストンの（英詩、西洋詩の構造的整合軸を和歌に適用した、その彼の立場からすれば）誠に的確な指摘にある通りの（だが私共にとっては、いささか、いごこち悪く感じられるような）その構造を露呈する。構造的整合軸を異にすることによって、同一の言語形式が、如何にかけ離れた、全く異質な、（意味指示や意味喚起の）機能の仕方を示すものか、また、それによって（解読の、いわばコードを異にすることによって）如何に異質な解釈が成立し得るか。アストンの立場が——異質文化の諸側面の（止揚的融合《アシミレーション》ではなく）ブリコラージュ的相互混交現象という、現在見られるような事態が発生する以前の——より純粋な地域的固有文化の構造的整合軸に依存したものであるだけに、彼の比較分析の結果は、よりダイナミックで、より多くの創造的示唆に富んでもいる。というのも、この場合、アストンの比較の、関係対立二項である和歌と西洋詩の、各々の、詩的、言語的な、構造的整合軸は、実のところ、客観的立場から極言すれば、ほとんど、絵画と音楽がそれぞれその構成軸を異にするほどの、それほどの相互的大差を露呈しているようにさえ思えるからである。

いずれにしても、この種の（特殊な意味での創造的）誤読の事態は、——日本の場合だけを例としても——和歌に限らず、当然、日本的固有文化一般にかかわる、他の様々なテキスト領野にも及ぶ筈であり、従って、文化的誤読の構造原点として、さらにまた、文化の構造的整合軸相互間の、関与性に於ける対立の特殊事態をも――しかもそれが、比較の磁場に機能的に組み込まれた形で――暗示しているという点で、特に興味深いのである。

さて、W・G・アストンの、和歌に関する立言そのものは、前述のごとく、端的で、簡単明瞭である。

(1) 形式、内容、ともに、和歌の機構はまことに単純至極であり、その展望《スコープ》が、極端に狭隘であること。要するに、和歌は、情動表出をもっぱらとする一種のエピグラム、として規定し得ること。

(2) 主題選択は、ほとんど全面的に、外的自然界の事物・事象の美観に偏していること。

(3) 三十一音節の無押韻詩《ブランク・ヴァース》という、その矮小さにもかかわらず、もじり言葉風の修辞的技巧を弄し、それを多用すること。

要するに、物語り和歌もなければ、教訓詩的和歌もなく、哲学和歌も、諷刺和歌も、戦いの和歌も、そこでは明らかに欠落している、とアストンは云う。〝「真理」や、「正義」や、「信仰」を、流れるように揺れ動く長衣で身を包んだ、みめ美《うる》わしい乙女達の姿として表象したり、また、手には弓矢を、背には翼を負った、丸ぽちゃの裸体《はだか》少年として、「愛」を想い画くことなど、日本詩人(や画家)にとっては、まるで、思いもよらないことなのである。〟〝非情の無生物《インアニメイト》に生命を附与するというような才気がいささか未発達であり〃、また、〃抽象概念の人格化、などということは、日本人にとっては、所詮、無縁の素質・器量、なのである。〃

以上の事実は、結局のところ〃日本的詩神《ミューズ》を、西洋諸国の詩神《ミューズ》から、截然と、対照的に区別するところの、きわ立った主眼点となるものは、（日本的詩的《ミューズ》に於ける）その想像的能力の、或る種の欠落、である〃ことを示すわけで、要するに〃和歌は、主として、それの持つ（否定的）限界性に於て、その特質を提示する。云い換えれば、それが何を有っているか、ではなく、それが何を欠いているか、という点で、和歌は、その、いちじるしい特性、を示すのである〃と、W・G・アストンは、この項を要約している。

和歌作歌上の約束事による様々な言語技巧、たとえば、掛けことば、縁語、などは（本来、笑いの誘発をこととするような）純然たる、しゃれ、地口、とは云わないまでも、〃趣味的に、いささか、いかがわしいたぐいの、装飾語〃に過ぎないし、またさらに、枕言葉、これも、たった三十一音節の、つまり、五七五七七の、最初の五音節を、既製品《シティ・メイド》（枕言葉）ですましてしまう、などというのも、なかなかどうして、悪くはない考えだ、とアストンは、ユーモラスな皮肉を云っている。

アストンが、彼の和歌考察によって得た全体的印象は、一方では、和歌の詩的パラダイム、すなわち、基本的構成要素の一覧組織に、〃不可思議な、一種の遺漏・脱落項目〃が存在することであり、他方では、これとは正反対の——だがやはり不可思議な——過剰（装飾語の多用など）が見られる、ということであった。

字数で云えば、エピグラムにも足りない矮小さ、しかも、その極度に縮小された言語総量に対して、全く不釣合なほどに、大きな比重を持たされている——それも、直接の文意とは、殆ど無関係とも思えるような——装飾語句の多用。文意の直接表現に関する有効言語の使用量制限は、その装飾語の多用によって、さらに倍加する。何の理由もなく、二重、三重に加重された、この極度に〝狭隘な限界範囲〟内に、しかも、〝とぼしい素材〟や手段が最高度に活用され、その結果、アストンが述べるような〝語句のたくみさ〟とか〝調べの良さ〟とか〝純正率直な感情〟というような、嘆賞に値する詩的資質が生み出されている、としても、この立言には、それらの嘆賞を、客観的に無効にするような、ひとつの、根本的な保留条件が介在している。即ち、和歌の詩的表現技巧の精髄が、其処で機能する筈の、他ならぬその機能場を提供するところの、和歌構造の特殊性そのものが、〝狭隘な限界〟と〝とぼしい素材・手段〟、というような、和歌の詩的表現機能に対して障害となり、あるいは、否定的制限、制約としてのみ働くものとして把握され、和歌の構造的特殊性が、和歌の詩的表現機能にとって、なんら、有効な必然的関与を示していない、あるいは、両者の相互関係が、有効な必然的整合性を構成していない、ということに、この場合、特に、注目すべきである。

要するに、これは、和歌の、特殊な、詩的言語機能を支え、またそれと同時に、その機能との（形式・内容、能記・所記、機能・構造、間に成立するような）完全に有機的な、相互相関関係に於て成立している筈の、和歌的言語構造そのもの、に固有の、構造的整合軸、の把握を誤っている、あるいは、それが全然把握されていない、ということの、結果的露呈であると見ることが出来るのである。

従ってまた、当然、和歌の美的価値の把握に於ても——その美的価値は、〝語句のたくみさ〟〝調べの良さ〟〝純正率直な感情〟というような、漠然とした、一見、普遍的で、しかも、或る意味では、いささか第二次的で派生的な、美的価値を示す言葉で把握されているのであるが——それらの美的価値が、和歌固有の構造的・機能的な整合軸を外したところで、周辺的局部的に把握されたものである限り、それの必然的帰結として、その把握されたものが、否定的価値であれ、肯定的価値であれ、いずれにしても、それは結局、和歌的個別性を含まず、和歌的な美的価値、あるいは非価値、とは、ほとんど、直接の有効関与性を持たないような（いわば、その内的パラダイムに於て和歌とは異質な）美的価値、あるいは非価値、である筈である。

和歌という独立固有の、美的、機能的整合構造が、他のもうひとつの、特定固有に確立された整合構造の中に、それの特殊な、派生的一分野として——つまりその内訳け構成要素表の書き入れに於て、奇妙な（必然性のない）脱落遺漏項目と附加項目を、そして奇妙な貧困と過剰を露呈している、と考えざるを得ないような、特殊な一分野として——組み込まれた場合に、当然生起するような種類の事態、即ち、或る種の、(特殊な、創造的)構造的誤読、の一例に、私共は、今、ここで、立合っているのだ、というように、多分、結論づけることが出来るだろう。

これから始めようとする和歌の一考察が、正読か誤読か、そのいずれであるかは別として——理論上は、これもまた、さらに、もうひとつの創造的誤読になるのかも知れないけれども——、ともかくも、和歌固有の構造的整合軸を、何とか、客観的明証性を備えた形で、探求し取り出すことによって、和歌には和歌の、独自固有の、美的整合構造が存在するという仮定を裏づけると同時に、其処に成立している和歌的言語機能と和歌的な美的、詩的価値、それ自体が、——より共約的、普遍的次元に於て成立する筈の——いわば美の止揚的地平展開、という新局面に於ける、詩的、美的パラダイムの、ひとつの独立の構成要素として登場し、機能することを志向しながら、その方向で、和歌を考察してみたいと思うのである。

三十一音節という極端な短詩型、その短詞の、統辞的文意とは直接に関与することはないような種類の、装飾語句の多用。表現の直接機能性に於て、一見したところは、むしろ、否定的限界、障害として働くとも見られるような、和歌の、この、同じ言語的特殊形式を——その否定的要素を否定性のままで、うまく活用することによって、その制約性、限界性を緩和する、というのではなく

――そのまま、一挙に、機能的有効性と必然性を荷なった、むしろ機能的に不可欠な、肯定的要素、に転換するもの、それこそが多分、和歌に固有の、和歌的整合構造に隠された、構造的整合軸と云えるだろう。

和歌もまた、三十一音節で完結するひとつのセンテンスを構成するものである限り、その一文は、継起的に展開するところの、語の統辞的連結組織としての側面と、そしてまた、その同一の統辞組織《シンタックス》上に集束的に成立している意味単位相互間の、同時的連鎖連合組織《アソシエイション》、としての側面、という、両側面を備えている。

意味は、分節されることによって、個別的に限定された意味単位となり、他の意味単位から、離れる。そしてそれは、離れることによって、他との集合を可能にする。分出された意味単位の、意味領域境界線、そのものは、同じく分出された他の意味領域との分離点であると同時に、接触点をも構成する。

意味単位の連鎖連合は、いったん、その機能が触発されれば、各自固有の意味領域の射程を超出して、可能的な、存在する限りの意味単位の――部分的重複によって累畳的に展開するところの――その意味領域づたいに、次々と網目状に、そして波紋を画くように、意味の余韻と余影を伴いながら、拡散的に展開し、その連鎖連合は、可能的には、言語的に分節された意味次元の全地平を遍行し、その果てにまで到達する。云い換えれば、分節された意味単位の、可能的、網羅的総体の相互連鎖連合によって構成される意味の網目組織は、それ自体で、流動的な、そして広大な、一種の——意味単位の連鎖連合に依る、連鎖連合のための、——意味の機能的磁場を構成しつつ、面的、場的、空間的に展開しているのである。

意味単位相互間の連鎖連合の、この場的な、無時間的地平展開に対立して、語の統辞的展開は、継起的継続であり、線的、時間的である。相対立しつつ、しかも相関的に機能する言語の機能構造の二側面の中の、特に前者、つまり、意味単位の分節・連鎖、という、無時間的・空間的機能展開の側面に、不均衡なほどに重点を傾けたような、特殊な機能構造の上に成立しているのが、和歌的言語構造であり、そして、それが、和歌的言語のフィールド展開、であり、和歌に独自、固有の、和歌的言語フィールド、である、と先ずここで仮定的に立言しておくことにしよう。

事実、和歌的詩語による一文の、統辞的側面は、ほとんど、第二次的な役割りしか荷なってはいない。一文の統辞組織は、極言すれば、その一文を集束点として集合するところの、意味単位、意味要素、相互間の、誘導的、流動的な——そして場的、拡散的に展開しようとするような——連鎖連合を、(文法的、統辞的統合を持つ) ひとつのセンテンスとして、辛うじて、拘束し、凝固させるための、いわば凝固剤としての役割りを果しているに過ぎない、とすら見受けられる場合があるほどである。

一文の中で、語の統辞組織が、文意決定の最も決定的な要素として、断然、機能的に優位を占めるように構成された整合構造を持つ場合、そのような一文に於ては、語数の短縮は、たしかに、その表現内容量に関する否定的制限、制約となることを、まぬがれないだろう。

だが、これとは反対に、一文の統辞的結晶力が緩和され、従って、統辞的意味限定の拘束力が弱まって、一文の中の、個々の意味要素の、遊動的連鎖連合が助長され、その結果、後者（意味単位の遊動的連鎖連合組織《アソシエイション》）の方が、前者（意味の統辞組織《シンタックス》）よりも、機能的に優位を占めるような整合構造が成立し、実現している場合、そのような一文に於ては、各意味要素は、統辞的意味限定の拘束力と限界枠をはるかに超えて、広大な、言語的網目組織の意味地平全域を、遊動の機能的磁場としながら、本来的に重層的な、その意味連鎖の波紋を展開し、拡大してゆく。そのような、意味連鎖の全網目組織を背景として、その磁場の中に、そのような意味連鎖機能の生起原点、喚起的本源として成立しているのが、和歌的言語フィールドである。

この場合、統辞組織としての有効言語量の短小さは、そこでは、もはや、表現内容量に関する否定的制限・限界となることはない。それどころか、その短小さは、むしろ、和歌的言語の機能的特殊性を実現し、可能にしているところの、最も重要、かつ不可欠な、形式的構成要素のひとつである。云い換えれば、和歌が、（たまたま）三十一音節の統辞組織を一単位とする短詩型である、という、言語形式上の、この顕著な特質は、和歌的言語の、フィールド的機能展開、という、その、言語機能的特質と、決して、無関係ではなく、両者は、当然、密接な、有機的相互相関関係を構成している。

語や意味の、統辞的な、継起的時間展開機能の側面よりも、言語・意味の連鎖連合的な、無時間的地平展開の機能的側面、（つまりフィールド展開の機能性）を高め、助長し、常にそれの優位を維持し保留するような整合構造を、つまり言語のフィールド構造を、最も有効で、精緻な整合性に於て——理論的可能性ではなく——実際に実現している、その一例として和歌を見た場合、アストンが、たまたま、不可解な制限、欠落、あるいは過剰として注目した三つの点（つまり、極端な短詩型、装飾語の多用、自然の事物事象の多出）こそが、まさに、その、和歌的言語のフィールド的機能構造を整合的に支え、実現している三つの主要軸となっていることに、気付くのである。

先ず、アストンの挙げた第一の点、短詩型であること、については、前述の部分と少し重複するが、重点的に述べて見よう。

和歌の統辞組織の、継起的、時間的展開の途上に出現する個々の語、各個の意味要素の全てが、共時的同一次元に、しかも、——比喩的表現をすれば——いわば、創造主体・鑑賞主体の視座から見て垂直の等間隔に散開し、各語、各意味要素が、全て俯瞰的展望下の複数焦点として一望され得るような、構成を取ることが、言語フィールドの一単位の成立、実現を可能とする重要な条件であるとすれば、三十一音節の短詩型は、むしろ、多分、最大《マクシマム》に近い規模であるかも知れない。少くとも、決して最小の規模とは云い難いだろう。しかも、この小さな、三十一音節の統辞的短詞は、そのフィールド的構造構成という特殊性の故に、意味的網目組織の全域をその背景とし、その機能的磁場とするような、意味連鎖機能の、喚起的起点としての、凝縮された可能的《ポテンシャリティー》活力を仮託されてもいるのである。

同じく、無時間的地平展開として現象するとは云え、和歌のこの美的フィールドが、例えば絵画等の美的形象空間、美的フィールド、と異なるところは——現に進行中の問題考察に関与する限りのアスペクトに限定して立言すれば——和歌の美的フィールドの機能的構成要素が、云うまでもなく、色や形ではなくて、言語であり、言語的意味である、ということである。形象分節や、色彩分節の段階性、多様性が、本来的に、共時的空間展開であるのに対して、言語は、その本来的機能性に於ては、時間を軸として、継起的、過渡的に展開する。つまり、先行する各語が、その痕跡を留保しながら、しかも、次々と自己を消去し、その痕跡と残像を重ね繰り延べてゆくことによって、線的に、継起的継続として、展開してゆく。和歌的言語のフィールド構造は、先ず第一に、言語の、この、本来的、第一次的性質（統辞的機能展開）に、いわば真向から抵抗し、それに逆行して、無時間の、共時的言語地平を形成しようとする。三十一音節の統辞組織を契機として——その統辞組織を、いわばたまたまの好便として——一堂に会した各語、各意味単位が、一方では、統辞組織の構成要素として機能し、統辞的意味限定を受けながら、他方では、その、直接の統辞的コンテクストに依る意味限定、の拘束力を超脱し、——それぞれ固有の、変転、展開、という、時間的推移・堆積の歴史を負いつつ現在に現象するところの——多重、多層的意味領域を持つそれぞれ独立の機能要素として、俯瞰的展望の可能な同一無時間地平に散開し、対立、親和、分離、融合、など、否定的、肯定的な、あらゆる可能的様相と状況下に成立する有機的な相互相関関係によって醸成されるところの、意味の機能的磁場、和歌的言語フィールドの一単位を形成するのである。

アストンの挙げる第二番目の点、つまり、装飾語の多用、という特色であるが、これは勿論、それでなくてさえ極度に縮小された、和歌の統辞的意味表現の有効語数を、さらにその装飾語の分だけ減少させる、というような形で、否定的方向に機能するものではない。もしそれが、否定的に機能するとすれば、別の意味に於てである。

各意味単位が、統辞的意味展開の線上にそって、直接、即座に、統辞的連結を果してしまうというような、強い傾向性、方向性を——統辞的意味に対しては直接の関与性を持たない種類の——装飾語句を随所に介在させることによって、いわば、ぼかして、緩和する、つまり、意味の統辞的展開を押えるのである。一文の統辞的線的展開を押え、そのことによって、そして、また、それと同時に、意味のフィールド展開、意味の無時間的、遊動的連鎖展開を助長する、というような方向に機能しているのが、実は、アストンによって、必然性のない過剰と把握された、装飾語群なのである。

さらに、かけことば、枕言葉、縁語、みたて、等々、対立的、相似的、周縁状況的な相互関与的緊張関係によって生起する様々な意味連鎖、——それらが意味の、流動的多様性、重層性を醸成するのは勿論のことであるが――それらの修辞修飾的語句、と云われるものが一文の統辞《シンタックス》的意味構成に、直接の求心的関与性を持たず、むしろ逆に、遠心的、拡散的に働く、という、まさにそのことによってこそ、独自の機能的役割りを果しているのである。

修辞修飾語句の、遠心的、拡散的機能を、ひとつの有効な手段として、和歌の、言語フィールド性、が成立しているのは前述の通りであるが、その和歌的言語フィールドそのものが――意味連鎖の網目組織の全域をその背景として、また、機能的磁場として、可能的射程におさめ得るほどの――展望の広大な、意味連鎖の拡散的伝導、を、有効に、効果的に、実現しているのは、これらの、いわゆる、和歌的修辞修飾語句の独自な機能をその手段としているからでもある。

最後に、アストンの言及する自然に関しては、やはり、和歌のフィールド構成にかかわる範囲内でだけ、簡単に述べることとしよう。

自然の事物、事象、事態、などを示す語の意味単位は、現象界一般を構成しているところの、それも特に、最も原初的《プライモーディアル》な所記的普遍者としての資格に於て、いわば、容易に物象化され、存在分節単位に、そのまま直結する傾向を持っている。しかも、それらは、同時に、それらの状況的背景としての、存在空間、そのものをも、随伴的に喚起する。従って、例えば、それが、統辞的意味組織の中に、ひとつの意味単位として、何らかの形で組み込まれただけで、その一文は、容易に、外界の存在空間、認識空間としての、場的な、空間的延長展開を、その背景として、喚起する。意味連鎖の網目組織の全領域を、意味連動の磁場とする、三十一音節の、言語意味フィールドの一単位は、その結果——いわゆる、自然界と呼ばれる外的空間を背後に持つところの——認識空間の一単位と、相互喚起的、相関的に、関与することとなる。

自然の事物、事象、事態を指示する（記述的にせよ、喚起的にせよ）語は、この場合、それらがたとえ、全面的に概念化され、通念的《ステレオ・タイプ》に形骸化されたものであったとしても、というよりは、むしろ、ステレオ・タイプ化されたものであればあるほど、それ自体の個別的な、現実的具体性に焦点を集めることなく、しかも、対象化された外界としての、現象空間的背景の拡がりを、和歌の言語フィールドそのものに、喚起的、示唆的に附与するという、その特殊な機能を、より有効に発揮し得る筈である。

言語意味連鎖のフィールド展開という、無時間地平に、現象界の時間秩序、時間推移という、時間流動の遠望的背景を附与するのも、また、概念化され、典型化された形で把握され、指示されるところの、自然の事物、事象という、原初的《プライモーディアル》な、所記的普遍者の、和歌に於ける、独自の機能である。

以上、和歌的詩的言語の構造構成的特殊性について、簡単な分析を試みてみた。これは、しかしながら、和歌歌人の創造的主体から、一応、切りはなされた形で成立しているところの、いわば、客観的、対象的な、言語構造的側面からのアプローチである。

和歌的言語フィールドの特殊構成は、実のところ、其処に、和歌的創造主体が関与することによって、はじめて、より精緻な、独自の、その構造的全貌の真面目を、私共に垣間見せるのである。それは、たとえば、藤原定家の歌論「毎月抄」に展開される〝こころとことば〟の世界、すなわち、詩的主体性と意味分節の関わりの世界、である。詩的創造主体の意識に生起する言語の現象的発出、発生と、その展開の経路が、一人の天才詩人によって、まことに独創的な、精緻をきわめた整合的構造性に於いて把握されているのだが、これについては、別の機会に、いずれ稿を改めて、考察を続けてみたい。

（未完）

（「文学」一九八四年一月号）

意識フィールドとしての和歌

和歌の古典的歌論、それも特に、和歌的言語機能とその機能的創造主体との相関関係、に重点を置くような、或る意味では、動的で機能的な構成を持つ理論形成、が確立しつつあった、と思われる新古今時代の歌論、具体的には例えば、藤原俊成の『古来風躰抄』や、藤原定家著とされる『毎月抄』、を手がかりとしながら、日本歌論の世界の固有構造の中で和歌的言語現象の創造主体として観察される限りでの、日本的な「心」的主体性、について考える、それがこの小論の志向的照準である。いわば、和歌理論のもう一つの誤読でもある。

歌論の世界では、和歌の創造主体は、それ自体が対象化された形で抽出され理論化されることはなく、それは殆ど常に、和歌的言語現象の機能主体として、その機能の現場で、臨場的に把握される。しかも、『毎月抄』のコンテクストでは、和歌的言語創造の真の意味での機能現場は、——客体的に対象化されて経験的《エンピリカル》次元に成立するところの、外的言語次元にあるのではなく、むしろ——意識空間そのものに設定されている。つまり、認識主体と認識対象を、そしてまた、意味分節の機能主体と分節された意味的対象を、共に包摂して創造的に機能しつつ現象する意識磁場《フィールド》そのものに、和歌的言語創造の機能現場を設定するのである。

和歌的言語の機能現場として設定されたこの意識磁場全体は、しかしながら、ひとつの現象的現出であり、現象的現成である以上、和歌的創造主体の真の探求は、その意識磁場そのものを生起させるところのそれの現象的発出源泉、つまり未分節・非現象、への、遡行的志向性を、既に構造的に胚胎していることになる。

しかも、この、和歌的言語意識磁場の発出源泉なるものは、『古来風躰抄』『毎月抄』のコンテクストでは、——現象現出の本源としての存在論的観点から単に構造的に措定されその意味で概念化され対象的に把握されるような未分節・非現象ではなく——実存的・即自的明証性に於て経験されるところの、自照性、という媒体を介して、その彼方に、それの主体的把握が志向されるような、そのような未分節・非現象である。

＊

歌論の実際のコンテクストに入る前に、この自照性そのものを、心・身状況的《サイコ・ソマティック》コンテクストで叙述した、と思われる一例を次に掲げてみよう。

デカルトの「コギトー」的主体性、の原点となったと云われているものに、東方スコラ哲学史上に顕著な足跡を残した中世初頭の哲人、アヴィセンナ（アラビア名、イブン・シーナー、西暦一〇三七年歿）の、世に有名な、あの「空中人間」の比喩がある。

「或る一人の人間が、今、一挙に創造された、しかも、完全無欠な形で創造された、ただし、目はヴェールで蓋われ、外界の事物を見ることは一切不可能である、と仮定しよう。

彼は空中に、あるいは真空中に、浮遊している。空気の抵抗があれば、もうそれだけで必然的に、感覚が触発される筈なのであるが、この場合、そういう意味での空気の抵抗すら、彼は感じない。またさらに、彼の四肢は相互に離れていて、出会うこともなく触れ合うこともないとしよう。そのような状態で、彼は自問する、そもそも「我」なるものは果して存在しているのか否か、と。とすればそのとき、「我」なるものは確実に存在する、と彼が肯定するであろうことには、全く疑問の余地もない。自分の身体の外的部分である手足も、また、内的部分である内臓、心臓、脳髄をも、さらには、外界の如何なる事物をも、彼はそのとき、一切認めないにもかかわらず、（「我」の存在は肯定するの）である。

だがしかし、その「我」なるものに、長さや面的な拡がりや奥行きのあることを、彼は全く認めないのである。そのような状態で、手あるいは其他の如何なる身体の部分にせよ、それを表象することが、たとえ彼にとって、可能であると仮定したとしても、その場合彼は、それを

（表象された身体部分を）、自分の「我」の一部、であるとは表象しないであろうし、またそれを、自分の「我」成立の一つの条件、として認めることもない筈である。」（Ibn Sīnā: *Kitāb al-Nafs*〔Avicenna: De Anima〕ed. F. Rahman, Oxford, 1959, p. 16.）

ここで注目すべきことは、空中人間という「自照」的存在（それを、イブン・シーナーは、伝統的術語を使って、nafs〔＝anima〕と呼んでいるが）の意識性は、一切の対象認識的経験を排除した形に於て、その現成が可能である、とされている点である。その意味では、それは、たしかに、先験的超越性の事態ではあるがしかし、それは決して、絶対的な形而上的超越性に於て成立し実現している何かとして、そこに登場させられているわけではない、ということである。

イブン・シーナーの「空中人間」という、自照的存在の意識性は、それが如何に、身体感覚機能及びその対象や、対象認識機能及びその対象、とは全くかかわりのない、つまり、現象的色相を一切欠いた無相の何かであり、身体的なものとは異質な何かであるとは云え、それが〝自照〟であるかぎり、〝今・此処〟という一点で、現象的時空にひとつのトポスを持つことになる。従って、その限りに於て、現象的時間空間とは、やはり、必然不可避のかかわりを持つ。

「空中人間」という、この、自照的存在の意識性はまた、〝今・此処〟という、その自照的トポスとのかかわりに於て――そしてまた、その単一の一点に於てのみ――身体的なものとの、現象的・時空的な交叉を成立させ、いわば、〝心と身〟のトポス的同定を実現しているのである。

イブン・シーナーの「空中人間」に見られるところの、この種の、自照的存在の意識性は、東洋で一般に、実践的・道的と称される型の様々な思想から通約的に抽出されるところの、基本的主体構造、の原点でもある。この、自照的な心・身的構造を持つ主体性の形成基盤をなすところの、既成の諸思想的コンテクストと、そしてさらに、それらの史的展開の所産として登場するところの様々な思想的コンテクストとを、線的に結ぶことによって、様々な可能的方向線が引かれ得るし、また、その可能的方向線上に於て、この自照的存在の意識性、心・身的《サイコ・ソマティック》主体性それ自体、の解釈や位置づけや意味づけも、当然、――それら個々の思想系統や思想分野相互間では、具体的に――全く異ってくる筈である。

日本歌論、特に新古今時代の歌論、に於て、この自照的存在の意識性は最も重要な役割を荷って登場する。心地→心機能→ことば、という、歌論的主体性の現象展開構造に於て、超越的非現象（心地・心原）の自己顕現として現象する心機能を、ひとつの実存的意識事態として成立させる媒体となるのが、この、「自照」の次元領域（境《さかい》）である。

＊

和歌の創造主体に関する言及として、しばしば引用されるものに、『古今和歌集』の真名序と仮名序の、各々次の一節がある。

「夫和歌者、託其根於心地、発其華於詞林者也。(それ和歌は、其の根を心地に託け、其の華を詞林に発くものなり。)」

「やまとうたは、ひとのこころをたねとして、よろづのことの葉とぞなれりける。」

仮名序の和語〝こころ〟に相応するものとして、真名序では〝心地〟が当てられている、ということは、それ自体で、実は、重要な示唆をはらんでいる、と思われるのである。〝心地〟については——単に、縁語的、装飾的な意味連関から、其処に置かれているに過ぎないのであって、〝心地〟の本来的意味単位、としては全然機能していない、という、かなり確率の低い可能性を排除した場合——当然、いくつかの可能的意味附与が考えられるだろうが、その中の最も重要な一つとして、仏教用語の〝心地〟が考えられる。仏教用語の〝心地〟は〝万法のもと〟、つまり、森羅万象——ただし、この森羅万象は、大乗的空哲学のコンテクストでは、素朴実在論的存在者群ではなく、実は、意味分節的存在者として現象しているのであるが——の本元、即ち、言語意味的に区分され分別されたところの全現象界の本源、として、構造原理的に位置づけられたところの、未発の非現象、を意味するものと考えることが出来る。

〝心地〟は、有形無形の、現象する限りでの全現象、の発出基盤であり、中でも特に、心機能、心的現象形態は、〝心地〟的非現象からの直接現象的自己顕現、として生起するわけであるから、その意味では、〝心地〟と心機能一般とは、同一の延長展開線上で、機能的にも構造的にも直結している。しかしながら、〝心地〟は、やはりあくまでも、超越的非現象であって、現象的発現なしには、現象次元領域内にそれ自体のトポスを持つことはない。自照的存在の意識性、つまり、〝今・此処〟というトポス的〝自照〟は、非現象・無分節の〝心地〟に、ひとつの媒体的内部分節を附与し、――対象的志向性をこそ有たないが――、即自的・根元的な意識性へと、心・身機能的に顕現させ、そうすることによって、〝心地〟的非現象の次元領域と、それの現象的機能空間としての現象的時空との、トポス的交叉、を実現させるのである。

一方、仮名序の冒頭に登場する和語〝こころ〟は、意味領域としては、おそらく、たまとか、うらとか、ものとか、日本語としてもっとも原初的《プライモーディアル》な鍵的言語意味単位を、それの類縁的関連語として有ちながらも、和語的な、その有機的意味領域の基礎構造を、既に成立させていた筈ではあるが、その和語〝こころ〟はまた、上述の漢語系意味単位、〝心地〟と、それの現象顕現形態としての心的諸機能及びそれの諸所産――例えば、真名序に登場する漢語の意味単位、〝思〟、〝情〟、〝懐〟其他――とを、つまり、現象・非現象の次元的境界線を超えて、全包括的に包摂するような形で、漢語系の意味領域をも融合させながら、いわば和漢混交的な、重層的な、〝こころ〟の固有意味領域、を実現していたと考えられるのである。

和歌的な詩的創造主体として、『古今和歌集』序に登場する「心地《こころ》」「こころ」に関する、この複雑で全包摂的な、意味的内部構造の本来的不透明さは、しかしながら、新古今時代の歌論、特に定家の『毎月抄』と俊成の『古来風躰抄』に於て、その意味構造についての有力なひとつの手がかりが提示され、それによって構造的明確さ、透明さを獲得する。

各意味単位の意味領域それ自体を意味的止揚の機能磁場として、歴史的時間の中で展開するところの、語の意味の通時的多層性。その通時的意味展開の全軌跡をはらんで現成しているところの、語の共時的意味の、多重性、多元性。語の意味の、この、多重的、多元的展開は、和語の中でも例えば〝こころ〟のような、実存的主体性のあり方と有機的に密着するような意味構造の中では、特に典型的な、かつ、集約された濃密さに於て見られる筈ではないだろうか。日本語としては多分もっとも原初的な鍵的意味単位のいくつかを、その基盤ないし意味的結晶核としながら、古今序の「心地《こころ》」「こころ」以来、歌論の世界で、独自な展開を続けてきたであろうと思われる和語〝こころ〟の意味領域が、新古今の時点で、具体的に正確に、果してどのような意味的内部分節をはらんで成立していたものなのか、はともかくとして、少くとも、この時点で、和語〝こころ〟の多重・多元的意味構造に、さらにひとつの新要素が投入されたらしいこと、そしてそれによって、〝こころ〟の意味構造全体に質的変換が生起し、〝こころ〟の意味的展開が、その後、ひとつの新局面を迎えることになる、ということに関して、『毎月抄』と『古来風躰抄』はかなり明確な構造的手がかりを我々に提供していると考えられるのである。

新しく投入された新要素とは、〝今・此処〟という〝自照〟的存在の意識性に他ならない。そしてそれが、俊成の場合直接には、当時、漢語系の外来思想体系であった天台止観に依存するものであることは、『古来風躰抄』に於ける俊成の言表にも明示されている通りである。俊成は、天台止観の、存在論・認識論構造の俯瞰的全貌の、構造的読み換え、置換的止揚、によって、日本歌論を――宗教それ自体ではないが――美的価値創造の肯定的位置づけに関するアポロギアを構造的に内蔵するような形而上的背景を持った一つの美的・芸術的整合構造、へと、晶化させることを構想し、企図したと考えられるのである。

古今序の「心地《こころ》」「こころ」をふまえて、俊成は、『古来風躰抄』の中で、〝こころ〟をさらに次のように展開する。

「人の心を種としてよろづの言の葉となりにければ、春の花をたづね、秋の紅葉を見ても、歌といふものなからましかば、色をも香をも知る人もなく、なにをかは本の心ともすべき」

この〝本の心〟が何を意味するかについては、いくつかの読みが可能だろうが、これを、もとすえ（本・末、根・枝）の〝もと〟として、心的現象や言の葉という、現象生起のかくされた本元としての、例の〝心地〟と読むとすれば、次のような構造が成立する。即ち、春の花をたずね、秋の紅葉を見るという心的・感覚的経験自体（勿論それの言語的発動も含めて）は、取りも直さず、非現象・未分節の〝心地〟を発動させ、それを現象的に顕現させることに他ならない。〝心地〟は、それの現象顕現をよすがとして、媒介として、はじめて、それの所在を間接的に暗示する。

俊成はまた、『古来風躰抄』の冒頭近い別の個所で「よりて、今、歌の深き道を申すも、空・仮・中の三諦に似たるによりて、通はして記し申すなり」と述べている。色と香の色相界（仮）を能く味識することこそが〝空〟として表象されたところの〝心地〟的非現象を知る唯一のてだてである、という構造である。現象次元（仮の存在次元）に現象的実存として分節し出された人間にとって、〝空〟的非現象次元そのものの直接把握も、またそれへの関与・介入も不可能である以上、この現象空間に於ける現象顕現の全展開を――無限に豊饒な分別・分節の世界を――十全に識り、十全に経験すること、つまり和歌の詩的感性と和歌的詩的創造の世界に、俊成は、存在論的意義と価値を設定しているのである。

春の花を惜しみ、秋の紅葉をたずね、人を恋い、といった和歌的な、てんめんたる色と香にむせぶ濃密な、芸術的感性の世界は、しかしながら、また同時に、ひときわ鮮烈な色相界、〝仮〟の存在次元そのもの、への過剰な嗜好であり耽溺でもある、として、それ自体が既にその構造的可能性に於て負《マイナス》の斜向性をはらんでいる、ということをも、俊成は、その構造構成的考察の射程から除外してはいない。その上で、俊成は、さらにより積極的に、その理論を展開する。

「かれ（仏説）は法文金句の深き義なり。これ（和歌的言説）は浮言綺語の戯れには似たれども……煩悩即ち菩提なるが故に……」（『古来風躰抄』）

「普賢観には〝何者かこれ罪、何者かこれ福、罪福主無く、我が心自ら空なり〟と説き給へり」（『古来風躰抄』）

現象顕現（仮）の次元に（それも、その万朶なる分節・分別の十全なる展開に於て）非現象的本元（空）を観る、という、つまり、〝中〟的視座そのものを、和歌的創造主体の視座とすることに、俊成は、和歌の存在論的意義と価値を設定するのである。

しかも、同じく〝中〟的視座とは云っても、〝仮〟的存在次元――分別・分節的現象顕現展開、および、現象的に顕現する存在者群を対象的に志向するところの心的経験それ自体――に、大きく比重を傾けるような、つまり、和歌的創造主体が、現象界（仮界）の豊饒きわまりない分別・分節的展開に深く積極的に参与し、かかわり合い、巻きこまれることによって、（即ち、〝空〟の価値的直接提示を志向するところの法文金句の世界とは、その形而上的・存在論的構造の場を共有しながらも、それとは、その機能的座標軸を異にすることによって）俊成は、むしろ積極的に、美的創造と享受の世界そのものを、法文金句の世界と対等に対置させるのである。

歌論にしても、天台止観の形而上的構造にしても、いわば固有の思想構造は何れも、有限数の主要な鍵的意味単位群の特殊集合によって成立するところの、意味単位群の組織的複合体、と考えることが可能なわけであるが、伝統を異にする思想体系、枠組を異にする意味体系、相互間の構造的止揚的融合《アシミレイション》が実際に生起する現場は、実は、それら各固有の意味体系、思想体系内部に主要な鍵的意味単位として成立しているところの、個別的な意味単位の、意味領域内、意味構造内であって、其処に於てこそ、思想体系相互間の止揚融合現象が、より記述的な、対象観察可能な事態として、成立している筈である。

当時の教養人にとっては、和語系と漢語系の言語意識が、ほとんど共存する程に、漢語系の思想文化が身近なものであった、ということは、つとに、専門学者によって指摘されているところである。漢語系思想文化に深く意識を染ませながら、それをふまえて、和語系文化の世界と和語的言語意識の固有性を、反省的に探りつつ、倭歌の論を立てようと企図する俊成の視座はまた、その故にこそ、（和語的世界一般がそれを原点とするところの）和語そのものの、より根元的な言語意識の原初的実存性へと、可能的に遡行し得るような、構造的整合性を志向しているように考えられるのである。

各意味単位内部の、分析組織的細分化、概念的分節の過剰性を特徴とする漢語系の意味展開に対して、分節・分別を内にふくみつつ、本来、渾沌として幽玄、そして、飽和的豊饒と全包摂的な実存性を特徴とする和語系意味世界。その和語系意味世界の特徴を――仏教の形而上的原点であり鍵概念でもあるところの〝心地〟と〝空〟の構造に通わせて――俊成は、〝海〟と〝空〟の景観で表象する。漢詩と倭歌を対比させながら、『古来風躰抄』の中で、俊成は次のように云う。

「漢家の詩など申すものは、その躰限りありて、五言七言といひ、韻を置き、声を避る所々限りある上に、上下の句を対し、あるいは絶句、あるいは四韻・六韻・八韻・十韻とも皆定まれる故に、なかなか善し悪しあらはに見えて、流石におしして人もえ侮らぬものなり。しかるに、この倭歌は、ただ仮名の四十七字のうちより出でて、五七五七七の句、三十一字とだに知りぬれば、易きやうなるによりて、口惜しく人に侮らるる方の侍るなり。なかなか深く境に入りぬるにこそ、虚しき空の限りもなく、わたの原波の果も究めも知らずは覚ゆべき事には侍るべかめれ。」

＊

天台止観の存在論・認識論構造の、構造的読み変え、構造的止揚によって、俊成は、歌論をいわば外がわから、客観的なひとつの整合構造として、構造的に規定したのであるが、『毎月抄』は、俊成の確立したその構造と、そして、その構造内に位置づけられた和歌的言語創造との機能的接点を求めながら、いわば、機能的創造主体の内側にその視座を据えるのである。

俊成が、その歌論構造の構成にさいして依拠したところの「空・仮・中」の構造は、元来、〝自照性〟をその構造機軸として成立しているのであるが、『毎月抄』は、特に、その〝自照性〟に強調点を置き、重心をそこに傾けることによって、和語〝こころ〟を結晶核として成立するところの、あの、〝こころ〟の多重多層的意味領域の全体を、いわばそのまま、意識領域そのものへと転化させるのである。

〝今、此処〟という〝自照〟的トポスが、身体的現象空間と、トポス的に交叉し、そこに、心・身的主体性が現成する、ということは、和歌歌論のコンテクストで云い換えれば、言語的創造機能の超越的本源とされたところの、非現象・無分節・未発の〝心地〟、が〝自照〟の已発的・現象的トポスを媒介とし、それを接点とすることによって（言語現象の機能的磁場そのものを構成するところの）意識の現象顕現の次元、意識空間そのものへと、主体的・機能的に連接した、ということでもある。

〝心地《こころ》〟は〝自照〟領域（俊成のいわゆる〝境《さかひ》〟の諸階梯）を媒介としつつ、意識としての自己顕現を実現する。〝自照〟的照射を受けた和語〝こころ〟の多重・多元的意味領域の構成要素はまた、もはや客体的に分出された意味単位群としての対象的外在者であることを止めて、心的機能の構成要素群となり、意識の機能磁場《フィールド》を構成する。

そして、この意識の機能磁場が、和歌的言語創造の機能磁場そのものとして同定されるのである。

意識空間に、意識磁場《フィールド》そのものの力動的展開として生起するところの、内的意味分出機能、いわば〝内的言語〟現象をひとつの対象的事態として臨場的に把握し、それを和歌的言語創造のコンテクスト内で提示し、それを歌論の中心機軸として提起している、という点で、『毎月抄』は特異である。

〝ラング＝パロル〟構成で成立するところの西欧の伝統的言語構成モデルに於ては、（いくつかの例外はあるにしても、基本的には）〝社会制度《インスティチューション》〟（社会的伝達コードとしての言語組織）と個人の言語行為〟の側面が強調されるため、〝内的言語〟というようなアスペクトないし考え方自体は、その理論構成のコンテクスト上、決定的な重要性を負荷されることはない。ところが、〝こころ＝ことば〟の相関的整合構造を骨子に成立するところの『毎月抄』の歌論の世界では、言語現象そのものが、その発出源泉を起点とする上昇・下降というような、存在論的次元展開を、その構造モデルとして把握されている。〝外的言語〟（詞《ことば》）が成立するには、〝内的言語〟が、それに先行する筈である。しかもこの構造コンテクストでは、その〝内的言語〟事態の生起とは、意味的分別・分節機能の生起に他ならず、それはまた同時に、意味的に分別された諸単位、つまり意味的諸単位としての〝森羅万象〟、という、現象的多の顕現、生起、をも意味するのである。この構造の基底をなすのは、当然、〝空・仮〟（非現象──→現象的多の顕現、意味的無分節──→意味的分節）という、あの、存在論的・認識論的構造である。

この構造コンテクストでは、言語は、外的言語事態、つまり、文字言語や音声言語などの、外的な、いわゆる社会的言語行為が成立して、はじめて、現象的に現成し機能するのではなく、いわば内的な、意識領野に生起する言語意味的分節機能の発現次元で、すでに、現象的多の顕現による現象界を現成させる。言語意味単位そのものは、文字化、音声化の有無にかかわりなく、意味的現象界、意味的秩序界の分節・分別範型として、意味的現象界それ自体であるところの〝意識フィールド〟そのものに於て、最も強力に、力動的に働いている、と考えることが出来るのである。

「心地」的非現象は、即自的自己照射、〝自照〟を媒介として、ただちに、必然不可避な直接性に於て、(意味的対象思考、意味的対象認知の領域としての)〝意識フィールド〟へと自己を展開する。現象的多の顕現領域、現象界・仮界は、この構造では、既に、意識フィールドに於て現成し、その基底的展開を完了する。

いわゆる内的言語現象、対象的思惟である〝おもひ〟の諸象、つまり言語的意味分節機能は、この次元では、必然不可避な形で発動する。言語意味的諸単位の、間歇的生起にしろ、統辞的・継起的生起にしろ、それらは全て、「心地」的非現象の自己顕現である。思い浮ぶものであり、生起するものであり、いわば必然不可避の発露であるから、「心地」(こころ)と心的現象形態である言語的意味分節機能(ことば)との関係は、(現代のエンピリシズムの用語を借りれば)いわゆる操作不能《インコリジブル》、というわけである。従って、真の意味での、主体的な言語的創造操作、が可能的に成立する次元は、内的言語の機能する意識フィールドの次元そのものには無く、実は、言語的意味分節の機能する対象的思惟の次元を超出して、その言語的現象現出の本元へと、可能な限り、遡行することによって、はじめて可能となる筈である。つまり、超越的非現象に最も近接するところの、意識の〝自照〟的次元（境《さかひ》）、に遡行することによって、可能となる筈である。『毎月抄』には、一貫して、その構造を示唆する言説が見られるが、そのような言語的創造操作に関する意識内事態の記述的観察を、実際の和歌作法の臨場的助言として、次のように述べている。

「とざまかうざまにてはつや〳〵つづけらるべからず。よく〳〵心をすまして、その一、境に、入、り、ふ、し、てこそ稀にもよまるゝ事は侍れ。されば、よろしき哥と申し候は、哥ごとに心のふかきのみぞ申したための。あまりに又ふかく心をいれんとてねぢすぐせば、いりほがの入りくり哥とて、堅固ならぬ姿の心得られぬは、心なきよりはうたてくみぐるしき事にて侍る。このさかひがゆゝしき大事にて侍る。なを〳〵よく〳〵斟酌するべきにこそ。」

言語的意味分節機能の固有領域、対象的思惟の意識次元を遡行して、即自的な、〝自照〟の次元領域に到り着き（その〝一境に入り伏し〟て）、そして、その〝自照〟次元の明澄性を透過して、「心地」的非現象そのものから、直接無媒介的に、それの現象的自己顕現として生起するところの内的言語を、そのままに、把捉する。つまり、和歌の詩的言語そのものが〝その根を心地に託け〟ているかどうか（心地の自己顕現であるかどうか）、実は、それが、和歌を真に和歌たらしめるかどうかの境界点となるのであり、真の詩的創造を、擬似的言語操作から区別するところの、かくされた表徴となるのである。

『毎月抄』はさらに、次のように述べている。

「常に人の秀逸の躰と心得て侍るは、無文なる哥のさは〳〵と読みて、心をくれたけあるのみ申しならひて侍る、それは不覚の事にて候。かゝらん哥を秀逸とだに申すべくは、哥ごとにもよみぬべくぞ侍る。詠吟事きはまり、案性すみわたれる中より、今とかくもてあつかふ風情にてはなくて、にはかにかたはらよりやす〳〵として、よみいだしたる中に、いかにも秀逸は侍るべし。」

＊

「心地」的非現象からの直接無媒介的現象顕現として意味分節機能が生起するが、同じく、「心地」の自己顕現として現象的に成立するものでありながら、しかも、直接には意味的内部分節を持たないもの、意味的分節を許容しないもの、非言語的、非分節的に現成するもの、に〝情《こころ》〟がある。

これは、未発のこころ（心地《こころ》）に対する已発のこころ（情《こころ》）とも云い得るもので、意味分節機能と同様に、対象志向的・対自的意識磁場に生起するところの現象的現成ではあるが、現象的現成でありながら、しかも、分析的な内部意味分節を持たないような、いわば、無分節の飽和的充実事態、であるという点に於て、〝情《こころ》〟は、それの非現象的本元である「心地《こころ》」との、構造的相似性、構造的親和性を示しているのである。

「心地」から、〝自照〟の次元領域を透過して、対自的意識界で把捉される心的現象には、従って、相平行し相平衡しつつ現成するところの二つの機能的展開系列がある、と考えることが出来る。即ち、時間的・継起的（全体としては統辞的な）展開を持つ言語的意味分節機能、いわば〝内的言語〟と、無時間的・無分節的飽和充実の事態として現成する〝情《こころ》〟である。分節的・非分節的、時間的流れ・空間的飽和充実、という内的構造の相違こそあれ、等しく、「心地」の直接無媒介的な、創造的自己顕現として、意味的分節機能（〝ことば〟）と、情的事態（〝こころ〟）とは、同一なるものの二つの側面なのであり、従って、もし、或る特定の和歌的言語が、「心地」に根ざすものである限り、その詩的言語は、既に内的言語の次元に於て、それの言語的事態と平行する非言語的事態、つまり〝情〟的事態をも、必然不可避な、操作不能な形で、随伴させていることになる。

仮に図表にすると、大体次頁のようになるかと思う。

「心地」的非現象の、直接無媒介的な必然不可避の創造的自己顕現、として、（〝おもひ〟と〝情《こころ》〟、分節と無分節、時間的継起性と無時間的空間性、をその構成機軸としながら）一瞬一瞬に新しい不可逆性に於いて現象するところの、意識磁場《フィールド》の位相展開。その意識展開の創造性そのものが（〝その根を心地に託け〟た）、和歌的言語磁場《フィールド》の創造性そのものとして同定されるのであり、その同定こそ、『毎月抄』が要請するところの、詩的言語創造の当為、としての〝有心〟に他ならないのではないだろうか。特定和歌の言語フィールドが、実際に、和歌創造の当為である〝有心〟的機能構造に於て成立したものである限り、その特定和歌の詩的言語、〃詞〃は、当然、必然不可避な形で、無分節・不可視の〃余情〃を、その音声言語や文字言語の現象的形姿の周辺に、艶や匂のように、纏綿させている筈である。

　定家は『近代秀歌』の中で、「むかし貫之……ことばつよくすがたおもしろき様をこのみて、余情妖艶の躰をよまず」と述べて、〃詞〃と〃余情〃を対置しているが、その対置は、〃心地→自照

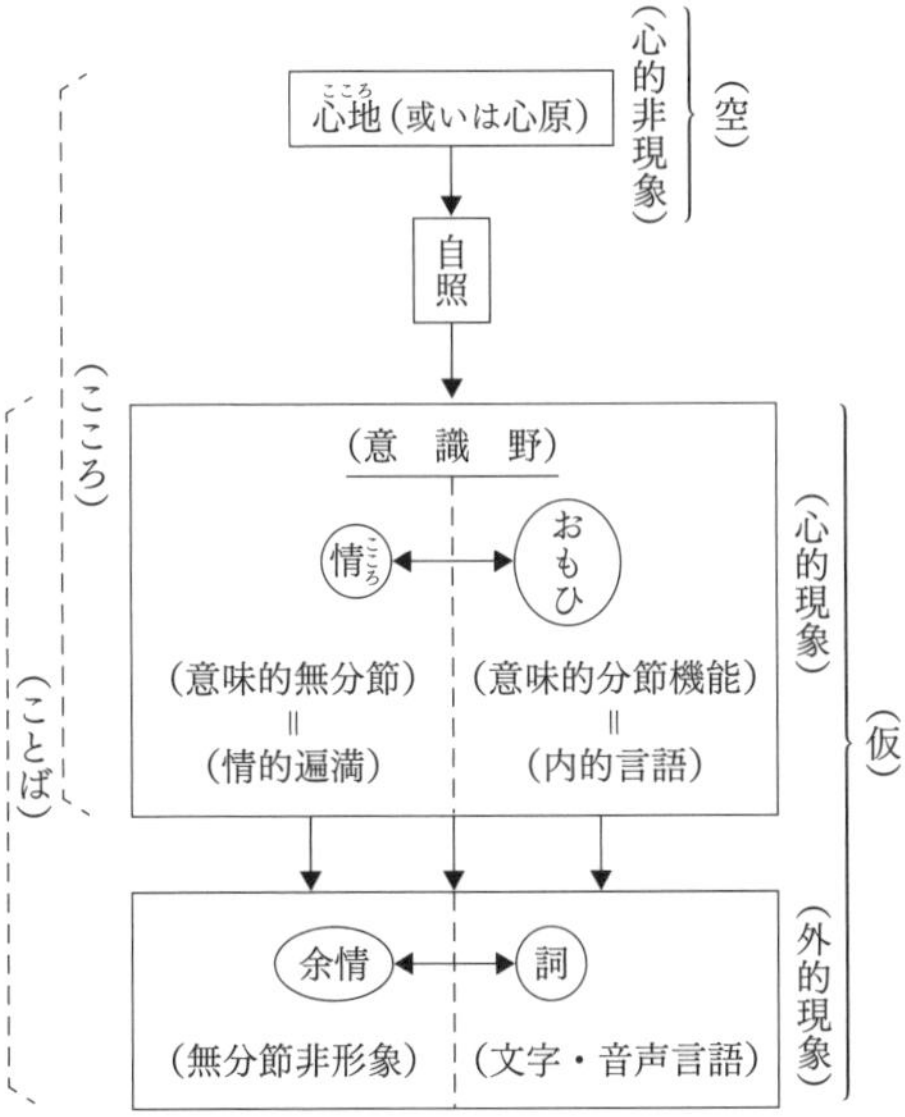

→おもひ→詞〃、という意味的分節機能の系統、と〃心地→自照→情→余情〃という（言語意味的分節を媒介とすることなく現成するところの）無分節的現象展開の系統、との対置に他ならない。〃自照〃の次元領域を媒介として、現象顕現し、必然的不可逆性に於て、機能的に展開するところの、主体的意識磁場そのものを、和歌的創造性の内的機能磁場として把握する、という〃有心〃の歌論構成の創始によって、〃おもひ（内的意味展開）〃と〃情《こころ》〃が、そして、〃詞〃と〃余情〃の両者が、相互に照応する対等の現

象展開として、対等の比重で対置されることになり、さらに進んで、〝情《こころ》──→余情〟系統の、無分節・無時間的飽和充実事態の方が、むしろ却って、〝おもひ──→詞〟系統の、継起的意味分節展開よりも、美的価値としては、上位に置かれ、その結果、和歌的詩語〝詞〟がもっぱら、その美的至上価値〝余情〟の喚起的醸成の実現を志向しつつ、強いて云えば、余情喚起の手段として最も有効に機能するような合目的的整合性に於て構想されたところの歌体、〝有心体〟が成立することになるのである。

美的価値としての〝余情〟が強調されるのは、やはり、〝有心〟〝有心体〟の歌論構成の背景をなすところの「空・仮・中」の形而上学にその構造的要因が求められる、現象現出の本元である「心地」が、その形而上的・存在論的本元性の故に、価値的に色づけられた形で表象され、しかも、「心地」は、その非現象的無分節・無時間性の故に、これもまた、無分節・無時間性をその固有性とするところの〝情──→余情〟の現象的事態と──その内的構造の親和的照応性に於て──直接し直結する、と表象されるために他ならない。空・仮・中の存在論的コンテクストに於て否定的価値として表象されるところの、意味的分節・分別を介在させることなく、現象現出の本元である非現象そのものにより直接的につながる、と表象されるのが、この〝情《こころ》──→余情〟の系統である。

しかしながら、〝おもひ──→詞〟の系統にしても〝情《こころ》──→余情〟の系統にしても、それらは何れも、現象的顕現領域に現象として一瞬一瞬に現成するものであり、その限りに於ては、それら両系統の現象的発現・生起は、即ちそれ自体が既に、非現象的本元である「心地」からの、必然不可避の、不可逆的乖離を意味するものに他ならない。にもかかわらず、『古来風躰抄』にも提起されている如く、和歌は本来、意味的分節の機能展開そのものを事とする言語芸術であり、それも、その意味的展開の無限の細分化及びそれの所産、の美的味識を探求して止まないような、詩的言語芸術でもある。「空・仮・中」の形而上的構造の、和歌的歌論構造への置換にさいして、既に俊成が直面したところの、価値表象を軸とするこの構造的自己矛盾と、その矛盾の構造的解消の鍵として提起されたところの、「中」的視座と和歌的視座との積極的同定、という問題は、『毎月抄』の歌論に於ける〝有心〟〝有心体〟〝余情〟の構造提起によって、言語・意識機能そのものの機能的展開の場に取りこまれて、より動的《ダイナミック》な、機能的な形で、その対応が実現している、と見ることが出来るだろうと思う。

　意味的分節機能（内的言語）と〝情《こころ》〟をその構成要素とする意識のフィールド展開を、〝詞〟と〝余情〟をその構成要素とする言語のフィールド展開へと、構造的に直結させるという、創造的当為としての〝有心〟を提起し、さらに、美的価値〝余情〟の、〝詞〟との等価的強調によって、多様きわまりない意味分節的（詞的）現象現出の只中に、無分節的非現象を喚起的に尋求する、という「中」的〝余情〟的視座を提起し、またさらにそれを展開して、〝余情〟そのものの喚起的醸成のより有効な実現のための手段としてもっぱら機能するような詞の合目的的整合構造、としての歌体〝有心体〟が提起される。

「さても此有心躰は余の九躰にわたりて侍るべし。其故は幽玄にも心あるべし。長高にも又侍るべし。残りの躰にも又かくのごとし。げに〳〵いづれの躰にも、実は心なき歌はわろきにて候。今此十躰の中に、有心躰とていだし侍るは、余躰の哥の心あるにては候はず。一向有心の躰のみをさきとしてよめるばかりをえらび出して侍るなり。いづれの躰にても、たゞ有心躰を存ずべきにて候。」

無分節の〝情《こころ》〟を言語分節的事態の只中に現成させる、という〝余情〟醸成の合目的的言語構成は、意識の場的・フィールド的把握をその構造原点としている。

意識の構成要素をなす〝思ひ〟と〝情《こころ》〟のうちの、もしも〝思ひ〟という内的言語現象に焦点が置かれれば、言語の統辞的生起に伴う本来的な事態として、時間性、継起性が強調されることになり、その結果、意識はひとつの時間的・線的な流れとして把握され、もしもまた、〝情《こころ》〟という無分節の飽和充実事態に焦点が置かれれば、意識は、無時間の空間性に於て把握されることになる。後者、無時間性の強調は、また、〝思ひ〟に含まれる意味分節諸単位の時間的・継起的連鎖構造を解体する。それらの意味的諸単位は、その統辞的連鎖性を半ば離脱しながら、無時間の空間に散開遊動して、あらゆる可能的様態に於ける意味的均衡・調和による有機的相互関係を保ちつつ、〝情《こころ》〟の無分節・無時間的飽和充実の事態に合融する。〝思ひ〟と〝情《こころ》〟を、分節と無分節を、時間と無時間を、共に包摂するような二重性に於て、意味的飽和充実の磁場としての意識フィールドが其処に現成する筈である。

意識フィールドの、この、内的構造は、そのまま、和歌の言語フィールドとして構想される。（和歌の言語フィールドについては、「言語フィールドとしての和歌」を参照されたい。）

以上述べたように、「心地」からの必然不可避の操作不能性に於て一瞬一瞬にその色を変えながら位相《フェイズ》的に生起し展開するところの意識フィールド、との不可分離的な相互関係に於て——むしろ、意識フィールドの経験的次元への延長展開として——構想されているところの、『毎月抄』的和歌構造のコンテクストに於ては、〝詞〟は、音声言語、文字言語としての〝詞〟の固有次元に、はじめて現成する、というのではなく、〝詞〟の、真の意味での創造的機能展開は、実のところ、〝こころ〟の次元領域で、既にその大半のプロセスを完了している、と考えられているのである。（〝詞〟の固有成立次元それ自体に於ける〝詞〟の操作は、いわば、擬似的創造行為に過ぎない。）『毎月抄』は次のように云う。

「先づ哥に秀逸の躰と申し侍るべき姿は、万機をもぬけて物にとどこほらぬが、この十躰の中のいづれの躰とも見えずして、しかも其姿をみなさしはさめるように覚えて、余情うかびて、心なをく衣冠たゞしき人を見る心ちするにて侍るべし。常に人の秀逸の躰と心得て侍るは、無文なる哥のさは〳〵と読みて、心をくれたけあるのみ申しならひて侍る、それは不覚の事にて候。かからん哥を秀逸とだに申すべくは、哥ごとにもよみぬべくぞ侍る。詠吟事きはまり、案性すみわたれる中より、今とかくもてあつかふ風情にてはなくて、にはかにかたはらよりやす〱として、よみいだしたる中に、いかにも秀逸は侍るべし。その哥はまづ心ふかくたけたかくたくみに、ことばの外まであまれるやうにて姿けだかく、詞なべてつゞけがたきが、しかもやすらかにきこゆるやうにてをもしろく、かすかなる景趣たちそひて、面影ただならず、けしきはさるから、心もそぞろかぬ哥にて侍り。」

この小論を書き了る前に、少々蛇足をつけ加えることにしたい。

一瞬一瞬の位相《フェイズ》展開で生起する意識フィールドの、その単一位相《フェイズ》、に関して云えば、意識フィールドは、たしかに、俯瞰的に照射された無・時間的空間である。この種の構造コンテクストに於ける無時間的空間とは、しかしながら、歴史的・経験的時間上の継起性の停止によって成立する無時間的空間、を意味するものでもなく、また、物語り的・叙述的時間展開の中の切りとられたひとこま、一場面を意味するような無時間的空間性、でもない。

この構造コンテクストでは、意識フィールドの現成は、意味的分別・分節機能の発出と全く揆を一にし、両者は同時発現である。その意味で、意識フィールドの無時間的空間とは、意味的分別・分節機能によって分出されたところの、意味単位群の可能的総体（森羅万象）の連鎖連合による意味的網目の組織的地平展開の現成空間そのものを意味するのであり、また、その無時間性とは、それらの可能的な全意味単位群の地平的一挙展開、現象現出の一挙展開、意味的網目組織の（意識フィールドの現成と揆を一にする）一挙展開、を意味するような無時間性である。いわば〝マンダラ〟的無・時間の空間性であり、華厳的な縁起の、宇宙大に広大無辺の、意味的網目組織の、無・時間的展開地平、とでも云い得るようなものでもある。

主体が外的客体を認識するという構造モデルに随伴するような、認識的・経験的時間空間は、ここでは、そのままの単独な形では、成立しない。その代り、意味分節単位（意識フィールドに成立）＝言語分節単位（言語フィールドに成立）＝存在分節単位（認識フィールドに成立）という三重の磁場が相互に呼応し、照応し合う世界、が成立している。

存在分節単位の成立する認識対象界は、歌論の世界では、自然の事物界、自然界、と同定され、その自然界はまた、他の二つのフィールド、特に意識フィールドと交感的に相照応することによって、（観照的空間としての）観照的自然領界《スフィア》を構成する。観照的自然空間とは、自然の事物形象が意味記号として機能するような、自然記号の成立空間、いわば、自然マンダラ、の成立する領界でもある。

意識フィールドとの交感的照応によって成立する認識界のフィールド構造については、歌論に於ける自然観照との関係に於て、その側面からのアプローチが可能であり、それについては、機会があれば、いずれ稿を改めて考えてみたいと思う。

俯瞰的に照射された意識の、この、無時間的・空間的位相、という基底的構造は、能の演技にかかわる意識空間や、舞踊や武道の心・身空間、茶道の美的空間意識など、となって展開し、やがて、いわゆる芸道的世界一般を成立させる転換点となった、と考えることも出来るのである。

(「文学」一九八四年十二月号)

豊子夫人が語る井筒俊彦先生

澤井義次（天理大学教授）

このたび、イスラーム哲学・東洋思想の世界的な碩学・井筒俊彦先生の奥様、豊子夫人へのインタビュー、エッセイや論文を収録した井筒豊子『井筒俊彦の学問遍路―同行《どうぎょう》二《に》人半《にんはん》』が、慶應義塾大学出版会から刊行されることになった。本書をとおして、豊子夫人の目から見た井筒先生の人生の一端を窺い知ることができることは、井筒研究にとって、とても有難くうれしく思う。この著書は今後、井筒哲学の全貌を掘り下げて理解するうえで、とても貴重な文献になるであろう。

井筒哲学の原点は、幼少期の禅的修行の体験にあった。幼少期の禅体験が思索の実存的な基盤となって、晩年、井筒「東洋哲学」の構想へと展開していった。東洋思想は形而上的体験に根ざしているとの確信をもって、井筒先生は独自の「東洋哲学」の構築を目指された。主著『意識と本質』は、その副題「精神的東洋を索めて」も示唆しているように、先生自らの精神的東洋を探究したものであった。このたび刊行される豊子夫人の『井筒俊彦の学問遍路』は、精神的東洋を探究された井筒先生の日々の生活の場（トポス）へと、私たちをいざなってくれる。

井筒先生の名は、『コーラン』の訳者として広く知られてはいたが、一九七九年、イラン革命のためにテヘランから帰国された後、日本語で著作を次々に出版されるようになって、だれもが井筒先生の著作に注目することになった。昨年（二〇一六年）の秋、「井筒俊彦全集」（全十二巻・別巻、慶應義塾大学出版会）が完結し、現在、英文著作翻訳コレクション（全七巻、同大学出版会）が刊行中である。井筒哲学への関心は国の内外で、ますます高まっている。豊子夫人は、国内はもとより海外へも、井筒先生と一緒に旅をされた。井筒「東洋哲学」構想に大きな影響を与えたエラノス会議をはじめ、さまざまな国際会議にも同行された。本書に収録されている豊子夫人のエッセイは、井筒先生とともに国際会議に出席された折、豊子夫人が見聞されたことなどを記している。読者はあたかも井筒先生ご夫妻と一緒に旅をしているかのような印象を受けるだろう。さらに本書には、豊子夫人の二つの和歌論が収録されている。日本文学にも造詣の深かった著者は、折あるごとに、和歌という詩的言語には、言語哲学的に意味構造が内在していることを強調された。和歌の意味世界に関する論考は、まさに豊子夫人独自の言語哲学である。その和歌論は井筒哲学と呼応して展開された哲学的思惟であった。

ここで、井筒先生ご夫妻との思い出に少し言及させていただきたい。私がはじめて鎌倉のご自宅に、井筒先生ご夫妻を訪ねたのは一九八四年の晩秋であった。ハーバード大学大学院における恩師の一人で、世界的に知られた宗教学者のウィルフレッド・キャントウェル・スミス先生のご紹介によるものであった。スミス先生は一九六四年、ハーバード大学の世界宗教研究所長に就任されるまでは、モントリオールのマッギル大学において、井筒先生とともに教えておられた。スミス先生とマリエル夫人は井筒先生ご夫妻と親交があった。

私は一九七七年七月から一九八四年九月までの七年間（そのうち、一年間のインド留学を含む）、ハーバード大学大学院に留学した。哲学博士の学位を取得して帰国する直前、スミス先生ご夫妻にご挨拶に上がったとき、スミス先生は「日本に帰ったら、ぜひ井筒さんに会いに行きなさい。君がやろうとしていることは、井筒さんがやろうとしていることと似ている」との助言をいただいた。ハーバード大学では、私はインド最大の哲学者と言われるシャンカラのヴェーダーンタ哲学や、シャンカラを開祖とするシャンカラ派思想を宗教現象学の視座から研究した。スミス先生の紹介ということもあってか、井筒先生ご夫妻は私の訪問をとても楽しみに待ってくださっていた。お会いした直後は、とても緊張したが、ハーバード大学での研究、スミス先生ご夫妻の様子、アメリカ宗教学界の研究動向などのお話をすると、井筒先生ご夫妻は頷きながら興味深く聞いてくださった。その後、上京するたびに、鎌倉のご自宅を訪問させていただくようになった。井筒先生と一緒にシャンカラの哲学文献を読む機会を与えていただくなど、いつも充実した楽しいひとときであった。

井筒先生には、天理国際シンポジウムにおける公開講演をお願いした。その国際会議とは、天理教の教祖百年祭を記念した天理大学主催の天理国際シンポジウム’86「コスモス・生命・宗教―ヒューマニズムを超えて―」のことである。私はシンポジウム事務局次長として、開催準備からプロシーディングスの編集出版まで関わらせていただいた。井筒先生は最初、公開講演を断られたが、後日、スミス先生が公開講演を快諾してくださり、天理で井筒先生ご夫妻に会いたいと言われていることをお伝えすると、「スミスさんにも会いたいし、お引き受けしましょう」と言われた。それから、豊子夫人のお話によると、井筒先生はほぼ一年の歳月をかけて、公開講演「コスモスとアンティコスモス―東洋哲学の立場から―」の原稿を周到に準備してくださった。一九八六年十二月、井筒先生とスミス先生は、天理大学主催の国際会議において、ご夫婦で久しぶりに再会された。天理国際シンポジウムでは、井筒先生、スミス先生とともに、ジョゼフ・ニーダム先生（ケンブリッジ大学・生化学者）も公開講演をしてくださった。井筒俊彦全集（第九巻）に収録されている一枚の写真も物語るように、井筒先生とスミス先生が、会議の合間に、楽しく歓談しておられた光景が強く印象に残っている（本書八一頁にも収録）。

ところで、一九八八年の春、私と家族は住まいを天理市から五條市へ移した。引っ越してまもなく、井筒先生ご夫妻が拙宅を一度、訪問したいと言われた。そこで、大和路を私の車でご案内しながら、五條市の拙宅へお越しいただくことにした。その途中、飛鳥の高松塚古墳へご案内したが、当日は前日からの大雨のために、田圃の横にある駐車場がぬかるんでいた。そのために、車のタイヤがそのぬかるみに嵌ってしまった。タイヤをぬかるみから出そうとしても、思うように出ない。そのために最終的に、井筒先生ご夫妻にお願いして、車を後ろから押していただいた。ようやく車のタイヤをぬかるみから出すことができた。こういうハプニングが高松塚古墳であった。その後、飛鳥のことが話題になると、いつも「あのときは、とても面白かったですね」とニコニコしながら言われた。井筒先生ご夫妻の温かいご配慮がとても有難く、今ではその出来事をなつかしく思い出している。

一九九三年一月、井筒先生が逝去された後、豊子夫人は井筒先生の「東洋哲学」構想を継承して、「井筒ライブラリー・東洋哲学」叢書を始められた。鎌倉のご自宅で、定期的に開催されるその編集委員会に、私も編集委員の一人として出席したが、その会議は、時として海外の研究者も交えた意義深い研究会であった。その叢書の第一巻は、井筒先生の遺稿、英訳書『老子道徳経』(*Lao-tzŭ*)であった。また第四巻は、エラノス会議において、井筒先生が講演された十二回の講演録を収録した『東洋哲学の構造―エラノス会議講演集―』(*The Structure of Oriental Philosophy: Collected Papers of the Eranos Conference*, vol.I -II.)であった。私はこれらの著書を編集させていただくことで、井筒先生の学問の深みをあらためて感得させていただいた。

ところで、私が最後に豊子夫人にお会いしたのは、今年(二〇一七)三月中旬であった。病状があまり良くないとの知らせを受けて、お見舞いにやらせていただいた。ちょうど三年間の科研費による井筒・東洋哲学に関する共同研究報告書『井筒・東洋哲学の構築とその思想構造に関する比較宗教学的検討』が出来上がって、その報告書をご覧いただいた。共同研究のご報告をすると、頷いてニッコリ微笑まれた。そのときの豊子夫人の笑顔が今もなお、心に鮮明に残っている。豊子夫人は今年四月二十五日、脳梗塞のために逝去された。享年九十一であった。井筒先生ご夫妻には、私の家族の一人ひとりにも、いつも温かいお心遣いをいただいた。最後に、井筒先生ご夫妻よりいただいたご高恩にあらためて心よりお礼を申し上げて、筆を擱きたい。

井筒豊子　略年譜

一九二五（大正十四）年
九月八日、大阪府中河内郡布施町大字足代二十三番地で出生。父佐々木芳太郎、母森田ヤス。

一九五二（昭和二十七）年　27歳
三月、東京大学文学部文学科仏文学専攻卒。同年、井筒俊彦（大正三年五月四日生。西荻窪の井筒の祖母隠居所で新生活を始めた）と結婚。

一九五九（昭和三十四）年　34歳
井筒がロックフェラー財団の奨学金を受け、二年間の留学に同行。
この年、豊子の小説集『白磁盒子』（小壺天書房）が刊行。佐藤春夫に師事するも小説は諦める。これ以降文壇では、井筒の研究活動に同行してえた異国の風景をエッセイに記す。
翌年、井筒は *The Structure of the Ethical Terms in the Koran: A Study in Semantics* で慶應義塾大学の文学博士号を授与される。

一九六九（昭和四十四）年　44歳
井筒はマギル大学で正式に教授となり、同大学イスラム研究所テヘラン支部の開設に伴い、テヘランに移住。以降、海外活躍する井筒とともに海外生活を共にし、井筒との共著もあらわす。

一九七九（昭和五十四）年　54歳
二月、イラン革命勃発のため救出機でテヘランを後にし、日本に帰国。井筒の豊穣な研究生活を援ける。

一九八一（昭和五十六）年　56歳
The Theory of Beauty in the Classical Aesthetics of Japan（共著、オランダ、ネイホフ）

一九八二（昭和五十七）年　57歳
三月、井筒豊子の翻訳でハミルトン・A・R・ギブ『アラビア文学史』（人文書院）が刊行。

一九八四（昭和五十九）年　59歳
「言語フィールドとしての和歌」を岩波「文学」一月号に、「意識フィールドとしての和歌」を十二月号に発表。

一九九一（平成三）年　66歳

三月、『アラビア人文学』（ハミルトン・A・R・ギブ著、講談社学術文庫）、『さまよう――ポストモダンの非／神学』（マーク・テイラー著、岩波書店）

一九九三（平成五）年　68歳

一月七日、井筒俊彦、脳出血で死去。享年七十八。

三月、『白磁盒子』が中公文庫に収録。

二〇〇一（平成十三）年　76歳

「井筒ライブラリー・東洋哲学」講座をスタートさせる力となり、第一巻井筒による「老子」の英訳を刊行。

二〇〇二（平成十四）年以降

「井筒俊彦文庫」の開設（慶應義塾図書館）、井筒俊彦全集（没後二十年 生誕百年記念）の刊行を推進する。

二〇一七（平成二十九）年

四月二十五日、脳梗塞のため、死去。享年九十一。

●著者●
井筒豊子（いづつ　とよこ）
1925年、大阪生れ。1952年東京大学文学部卒業、同年井筒俊彦と結婚。2017年4月25日脳梗塞のため、死去。享年91。主な著訳書に『白磁盒子』、『アラビア人文学』（H・ギブ著）、『さまよう』（マーク・テイラー著）などがある。

井筒俊彦の学問遍路――同行二人半

2017年9月25日　初版第1刷発行
2018年5月30日　初版第3刷発行

著　者――――井筒豊子
発行者――――古屋正博
発行所――――慶應義塾大学出版会株式会社
〒108-8346　東京都港区三田2-19-30
TEL〔編集部〕03-3451-0931
〔営業部〕03-3451-3584〈ご注文〉
〔　〃　〕03-3451-6926
FAX〔営業部〕03-3451-3122
振替　00190-8-155497
http://www.keio-up.co.jp/
装　丁――――岩橋香月［デザインフォリオ］
装　画――――伊藤彰規「光の記憶」
印刷・製本――萩原印刷株式会社
カバー印刷――株式会社太平印刷社

Printed in Japan ISBN978-4-7664-2465-2